Training
Trainer to Coach

成为教练型培训师

企业培训师的升级成长之路

相伟 著

電子工業出版社
Publishing House of Electronics Industry
北京 · BEIJING

图书在版编目（CIP）数据

成为教练型培训师：企业培训师的升级成长之路 / 相伟著 .—北京：电子工业出版社，2019.9
ISBN 978-7-121-36334-4

Ⅰ . ①成…　Ⅱ . ①相…　Ⅲ . ①企业管理－职工培训　Ⅳ . ① F272.921

中国版本图书馆 CIP 数据核字（2019）第 069066 号

策划编辑：吴亚芬
责任编辑：王凌燕
印　　刷：北京虎彩文化传播有限公司
装　　订：北京虎彩文化传播有限公司
出版发行：电子工业出版社
　　　　　北京市海淀区万寿路 173 信箱　　邮编：100036
开　　本：720×1 000　1/16　印张：11.5　字数：175 千字
版　　次：2019 年 9 月第 1 版
印　　次：2022 年 2 月第 5 次印刷
定　　价：52.00 元

凡所购买电子工业出版社图书有缺损问题，请向购买书店调换。若书店售缺，请与本社发行部联系，联系及邮购电话：（010）88254888，88258888。

质量投诉请发邮件至 zlts@phei.com.cn，盗版侵权举报请发邮件至 dbqq@phei.com.cn。

本书咨询联系方式：（010）88254199，sjb@phei.com.cn。

推荐语

大多数企业的老板和内训师有一个非常大的困扰，那就是培训的效果如何保障，以及效度如何评估，因为很多企业的内训仍然停留在：“我讲，你听”阶段。所以听的时候激情澎湃，而课程结束后则水过无痕。Nick 的这本书解决了企业内训的这个痛点，改变培训的思维方式，从“我说，你听”到“我问，你说”，通过问对问题，启发学员的认知，达到赋能，从而最终转化为行动力的效果，让培训的效果看得见。在这个认知升级的乌卡时代，每个人都有表达的欲望，每个人都不愿意被说教，所以引导而非教导，聆听而非说教会成为成人教育这个行业的主流。而这本书提供给我们的就是如何做到引导而非教导，如何让你的内训课程更有吸引力，让效果更看得见的方法论，相信每位做企业内部培训的讲师都会需要它；相信每位希望自己的员工具备成长性思维，希望每次的培训费用都能物有所值的企业负责人都需要它。

——任丽涛　盘石全球新经济平台全球人力资源高级总监

相伟作为一名从事教练技术的专职讲师，多年来，在传道、授业、解惑的路上砥砺跋涉、精进前行、笔耕不辍，在其所从事并敬爱的领域，渐渐崭露头角，更多的付出也已多有收获。这本书，是一本带有使命感、富于进取心、体现专业性的倾心力作，是其近年来实践探索的思想结晶，是奉献给从事教练技术的同门及喜欢涉猎该业务领域的学者们一份诚挚的最新礼物。

——何百军　富滇银行党委组织部副部长、培训中心主任我妈妈常说："千金难买愿意！"的确，人都不喜欢被改变，自己想要的改变，才是最有动力的改变。相老师的教练技术可以激发我们大脑中主动的思考，把思考转换成为改变的意愿，进而采取实际的行动让改变发生！既然教练技术可以撬动千金难买的愿意，那就赶快来学习吧！

——徐穆德　立邦大学校长

传统 TTT 培训追求以讲授为中心，不仅远离真实的业务问题，而且在影响学员时浅尝辄止、浮光掠影，已经沦为鸡肋技能。当前企业发展日新月异，业务问题也如白云苍狗复杂多变，培训师已经没有办法再持续扮演解决方案专家，必须自我升级和转型，学习教练技术和引导技术，实现从内容专家到过程专家的转变。接触大象教练 5 年多，很开心参加他组织的教练课程和沙龙分享，从他身上我能够看到一个优秀的教练式培训师的样子，亲和、耐心、温文尔雅，关键时刻又能运用各种工具循循善诱，让学员的认知轻松而舒服地完成转变，我推荐企业培训师都学习下这本书。

——林士然　工作坊引导师，引导的规律研究院首席研究员

作为一家年销售上百亿元的上市公司培训总监，每年我们需要组织近 20 万人次的线下培训，数百万人次的线上培训。我想我们一定经常在思考同一个问题，如何在企业人力资源、培训部门人手、精力有限，公司成本费用可控情况下，去开展高效的培训，让学员有真正意义上的心态转变，增长新知、技能提升？

我们曾经算了一笔账，对于企业而言，最大的培训成本还不在于外请老师的授课费，而是企业所花费的隐性成本，这包括受训学员人工成本、差旅费用、因为来培训而损失的店面销售机会成本，甚至是学员因技能不熟练或态度怠慢，却仍在工作岗位上所造成的隐性损失。

本书的作者 Nick 教练，是一直在教练领域里面深耕的实践家，不断根据

企业需要，结合教练技术去做更多课程的研发；同时，他本人，也是一位教练技术践行者，自我教练从而成功减重。他一直遵循从实践中来，总结出方法论、操作步骤和工具，又回到实践中去，最大限度地推动学习效果转化。

相信这本书，一定会推动每个培训工作者的觉察、探索、实践，不断更新人生新的高度，收获更多的掌声。

——卜丽娟　鸿翔一心堂药业集团股份有限公司培训总监

这本书是以学员为中心，回归学习本质的一种探索，对于希望真正帮助学员成长的任何一位企业培训师而言，都是一份不可多得的宝贵礼物！感谢相伟老师的探索与分享！

——李之　深圳华星学院教务长、武汉华星光电人力资源总监

这本书适合想成为培训师或已经在培训师修炼道路上的伙伴们学习，如果说以前的培训师是课堂里一颗闪烁的明星，所有的目光都聚焦在培训师身上，而未来的培训师则是课堂里学员隐形的翅膀，他帮助学员建立自信、对未来充满期冀，这种角色的重新定义才是培训师面临的真正挑战。如果你想成为优秀的培训师，这本书的理论与方法能切实地帮助到你。

——李云　交通银行信用卡中心培训与发展高级经理

最初大象教练和我提到教练型培训师的课程想法时，我感到眼前一亮，这就是一剂很好的催化剂，当教练的力量融入培训过程中时，可以有效地促动学员的情绪感知，由“心”开始去探索和追求自我的突破，当时就非常期盼这门课的诞生。后期大象教练进一步根据自己教练实践和培训实践，形成了教练式教学的六大步骤：体验—演示—练习—反馈—总结—应用，形成了系统的教学方法论，将技法与心法融为一体，以肉眼可见的方式促动学员发生改变，这是非常了不起的成就，我相信会让更多的培训师、学员有更大的收获。

期盼更多的培训师，阅读此书，充满能量，最终能影响他人做积极的改变。

——王志超　中智咨询培训发展中心执行总经理

我和相伟（大象）教练是埃里克森教练学院的同学，相伟待人热情而幽默，一直在西南地区的教练领域勤奋耕耘。这个需要“教练型的培训师”时代，相信大象教练的这本书能及时帮助到你。

——王雷　IBM MTS 服务原中国区域经理，彼得·德鲁克学院资深讲师，“战略定位与执行”咨询师和商业教练

前言

我为什么希望帮助更多的培训师成为教练

突破培训师的挑战

A：你为什么要做培训师？

B：希望帮助更多人成长，有价值感。

A：你想成为什么样的培训师？

B：成为能积极影响他人的培训师。

A：那要怎么样才能做到呢？

B：开发好的课程，有责任心，以学员为中心……

A：你现在做得怎么样？

B：自己感觉还可以。总结自己的经验，把自己擅长的东西开发成系统的课程，帮助很多人在这个领域里学习。

A：那你觉得学员能学到多少？

B：我每次准备得都很充分，内容也很丰富，希望学员都能学到。你这个问题确实问倒我了。这么多年来，课上得越来越多，我自己准备得也越来越全面，学员在两天内能把我教的都学到就很不容易了，所以学到了能用好的学员肯定不多。

A：那你在帮助更多人成长的价值感上有什么体会？

B：我发现做培训师的时间越久，价值感越低，以后会考虑用其他方式来帮助人，如咨询、一对一辅导等。

以上是我与一名资深企业内训师聊天的记录。越来越多的培训师遇到这样的挑战：做培训师的时间越久，给别人上的课越多，越感觉价值感下降，与最初助人成长的崇高理想背道而驰。哪怕扛着以学员为中心的旗号，不断地学习和修炼自己，如上过市场上最好、最全的职业培训师课程（Training the Trainer to Train，TTT）课程、设计完美的精品课程和教学活动，到头来发现培训依然缺少吸引力，如学员不专注、无法帮助学员落地、与业务部门沟通遇阻、难以提升绩效、公司不重视等。有些公司的培训部门甚至用上课数量和现场质量来考核培训师，已经开始怀疑培训师的价值了。

如果你是一名企业培训师，如何突破以上挑战？

当你成长为企业的培训管理者时，怎样才能让培训更有效？

我们都知道培训对企业很重要，如培训可以帮助企业培养人才、传递文化、发展组织等。经过多年的发展，培训的横向技术已经成熟和系统化了，无论从培训师个人发展，还是从业务部门需求和组织对培训的期待来看，都促使培训向纵向突破的阶段去发展。引导、咨询和教练辅导的方式都可以帮助培训纵向发展，无论如何突破，均是希望培训在组织内更有效：支持和协助组织人才不断地创造更高的绩效！

让培训师成为教练

我做了16年培训师、10多年教练，近几年又做了大量的团队教练工作，帮助团队更好地协作以实现团队目标。团队教练是处在团队外的影响者，会搭建一个对话的平台促进团队成员之间对话、达成共识、共创解决方案并付诸行动，一步步地推动团队目标的实现。团队教练越来越受客户欢迎，从2007年开始有客户向我咨询：“能否教我们的培训师也用教练的方式做培训？”客户是很好的教练，这个问题启发了我们的教练团队开始思考："怎么用教练的理念和方法帮助企业培训师？"教练通过支持、激发等给人们赋能，使人们可以自发地创造出更多答案。相对于以前的教导主义风格，如果培训师成为教练，可以帮助学员认识到自身的巨大潜力，树立信心并积极实践，使他们成为在各自领域最大限度发挥潜能的专家。

教练正处于从小众职业突围慢慢走向蓬勃发展的时期，越来越多的企业开始聘用外部教练帮助管理者、团队和组织本身。成熟的组织更会培养内部教练，从企业内部来看，管理者和内训师是最适合成为内部教练的人选。我当初创立悦启仕教练机构，也是帮助组织培养内部教练，特别是已有企业大学和学习发展部门的企业。如果每年还只是发展内训师的培训能力，已然无法持续创造和提升培训的价值，假如将现有培训团队都发展成教练，相信这个团队会为组织创造更多价值。

带着"使现有培训团队都发展成教练"这个想法，我们的教练团队开始帮助更多培训师团队往教练方面转型。理想很美好，转型有挑战。成为专业教练实际上比成为培训师要难很多，转型的最终目的是成为教练，那在转型中应该如何做呢？我们尝试先用教练的理念和方法提升培训师的培训技能，最终发现教练的转化力量是提升培训技能、帮助培训师的一大亮点，这个转化是从认知提升到行为转变的变化，进而带来绩效成果的转化。我们将此运用到培训师的发展项目中，收获了鲜花和掌声。我们希望把这些运用分享给更多的培训师，而我认为书是沉淀知识的最好载体，这就是出版此书的目的。

如何使用本书

本书包括引言、教练型培训师的特质、设计教练式教学法、结语四大部分。教练型培训师的特质和设计教练式教学法为核心内容，此部分通过穿插故事、隐喻、视觉图、提问、应用等帮助读者学习相关概念和方法。在有些部分中，读者可以通过听取相关语音进行深入学习。这样的内容设计是为了使读者体验被教练的过程。以下为每部分的重点内容介绍，以使读者先有个大画面的认识。

引言

定位：你想成为更有价值的培训师吗

本书开始会引导培训师们做一次自我教练：你想成为什么样的培训师？发展阶段是如何安排的？学员眼中有价值的培训是什么样的？以终为始，会邀请读者尝试做一次定位，这个环节在我的课程里是很受欢迎的。本书的结语部分对此部分内容会有呼应，如看完本书，你会有哪些新想法产生？希望通过本书可以构建一次你我的教练对话。

第 1 部分　教练型培训师的特质

教练型培训师到底是什么样的？教练的教学方式与传统培训有什么不一样？现在邀请你站起来，双脚与肩同宽，扎根地下，伸开双手，望向前方，你现在就是教练型培训师了，读到第 1 章你就明白我为何如此说了。

状态会指引行为，国际教练联合会（International Coach Federation，ICF）的 11 项教练的核心能力培养中有特别关键的教练状态训练。状态本身会散发一种无形能量，而什么样的状态更能支持学员发生积极转变？把状态训练应用到培训里会有什么不同？培训师如何保持教练的状态？你会在第 2 章中找到以上问题的答案。

第 2 部分　设计教练式教学法

教练式教学如何具体操作？如果你想学习和应用相关技巧和方法，第 2 部分是重点。教练式教学推动学习到转化的发生过程，共 6 个步骤——体验、演示、练习、反馈、总结、应用，我们称之为学习转化之环。中国教育家陶行知先生说：“活的人才教育不是灌输知识，而是将开发文化宝库的钥匙，尽全力地交给学生。”学习转化之环就是交给学员的一把自主开发文化宝库的钥匙，以学员为中心，教学合一。

学习转化之环从体验开始。创造体验是提升认知的一大法宝，你会学到至少 8 个创造体验的方式，用引人入胜的培训体验帮助学员充分参与，继而提升学员的认知，这是第 4 章的主要内容。通过体验让学员提升认知之后，演示、练习、反馈、总结、应用是实现转化的部分，而第 5 章则主要介绍教练型培训师们如何使这个转化发生。一般来说，每个教学知识点都可以用学习转化之环来设计，包括从体验开始到应用结束。如果是系统的课程，如设计完整的沟通课，则一定包含多个知识点：聆听、提问、表达等。当你学会用学习转化之环设计每个知识点时，则会有多个学习转化之环，如何将它们变成一门系统课程，以及如何设计完整的有转化力量的课程会在第 5 章中介绍。

结语

发展：你已经成为更有价值的培训师了吗

教练式教学法可以使培训师颠覆原有课程、优化课程，但教练式教学法的作用远不止于此。教练式教学是培训纵向发展的方向之一，是换个更高的视角看待培训工作，即如何更好地赋能组织，以及在教学之后如何持续赋能学员发生积极转变。课程上的转化才刚开始，我真正希望的是把企业内训师培养成教练（Training Trainer to Coach，TTC），你准备好了吗？

与引言的定位相呼应，如果你已经知道教练型培训师是什么样子的了，那你下一步将如何发展呢？在结语的发展部分再进行一次自我教练对话，可以帮助你更好地发展自己，最终成为教练。

致　谢

感谢生命中很多贵人，因为有你们才有这本书的沉淀。感谢 Lily 李云，我在银行工作时的领导，带我进入教练的大门，是我的引路人。感谢悦启仕的专业教练们，感谢 Val 李玲、Alex 冯皓的支持，在一起研发和服务客户的过程中从你们身上学到了很多。感谢大师级的教练们，包括 Paul Jeong 郑振佑博士、Marilyn Atkinson 玛丽莲·阿特金森博士、Michael Stratford 迈克尔·斯特福德、Phillip Sandahl 菲利普·桑达尔、Jo-Ann Harris 乔安·哈里斯，从你们身上学到的理念和方法让我受益良多，整合到教练型培训师的应用里非常有效，也让我有信心一个字一个字地敲出本书的所有内容，还有你们内在的大师级状态：亲和、专注、平静，是我终身学习的榜样。感谢兜梦研习社为本书设计的视觉图，它们增加了本书的生动性和可读性。特别感谢我的太太 Linda，是你的支持让我可以在教练的路上恣意前行，在你的影响下我越来越有写作的信心。最后，还要感谢曾经服务的客户和学员们，有你们的参与和反馈我们才能越做越好，谢谢！

CONTENTS

目 录

第 2 部分 设计教练式教学法

第 3 章

有效的学习转化之环

第 4 章

创造体验是提升学员认知的一大法宝

第 5 章

搭建体验到转化的桥梁

引　言

定位：你想成为更有价值的培训师吗

走在夜晚的街道上，闪烁的街灯照亮着前行的道路，路人更加鼓足勇气迈步向前。街灯无须被拿出来歌颂，只需要保持明亮就够了，而培训师则可以成为那盏街灯！

——Nick 教练

自我教练：你想成为什么样的培训师

亲爱的培训师们，Nick 教练邀请你先做一次自我探索，通过自我教练式的提问梳理你希望成为什么样的培训师；之后再带着这个目标去阅读本书接下来的章节；在本书的结语部分再来回顾和展望未来的你将如何发展。

你是如何走上培训师的道路的？

在这条路上你收获了什么？

成为培训师以来最有价值的是什么？

未来你想要成为什么样的培训师？

为什么要成为那样的培训师？

当你成为那样的培训师的时候……

你看到了什么？

听到了什么？

有什么感觉？

你是否经历过培训师发展的三大阶段

1. “我”怎么做好培训

“Nick，这次大会的产品培训就由你来负责。”

“啊……领导，可以是可以，不过我还没有在几百人面前演讲过，有什么要求吗？”

“多准备准备，不要紧张，我觉得你可以，试一下吧。”

2003 年冬天，杭州的一家五星级酒店的宴会厅，满满 50 桌，坐满了浙江省摄影家协会的主要成员，全都是资深人士、摄影界的老前辈，大部分在 50 岁左右。我站在会场外看着他们期待的眼神和讨论时的神情，甚是紧张！

“不要紧张，你以前不是给促销员培训过吗，你就当他们都是促销员就可以了”，一位同事看到我紧张特地来安慰我。

“他们要是促销员就好了，这 500 人每个人玩摄影的经验比我年龄都大，如果他们现场有疑问我都不知道怎么回答。”

“多喝点水，深呼吸！”

据说多喝水可以克服紧张，好了，来吧。结果开场前半小时连上了 5 次厕所，比之前更紧张了。我现在都不知道当时是如何熬过现场培训那两小时的，好像也没人挑战我。好像我真的把他们当成促销员来培训了，好像就这样培训完了，好像领导还说“不错不错，第一次在 500 人面前培训，没想到你发挥还可以，下次在总部全体员工月度大会上再培训一次。老板们都在，好好表现一下”。

现在回想起来，那样的机会难能可贵，感谢当时的领导把我带入了培训师的大门！做销售和产品推广的路上遇到了培训师这个角色对我来说是幸运的，当时是兼职培训师，后来领导给了我很多尝试的机会，如进行产品培训、销售技巧培训、产品推广会等。越来越多上台的机会，使我越来越轻松自如地应对培训了。后来我继续用“把他们当成促销员”这种方式来克服紧张的情绪，很有效。这样做的目的不是把学员看低，而是为了让自己站在更高的视角来看待全局，树立自己的信心。初级培训师必备小花招，每人都有。

从业务骨干到一名兼职培训师，一开始更多的是分享自己的业务经验、产品知识、业务流程等，这时还不能算一名真正的培训师，更像分享者或演讲者。之后，以“我”怎么能把内容讲好为目标，不断上台展示自己，并且开始参加各种基础 TTT，学习很多培训的基本功如使用手势、走位、树立形象、语言表达等，以及开始掌握各种台上互动技巧如设计课堂活动、处理学员异议等，等这些都熟悉了，一上台就不想下来了，并越来越喜欢像明星一样展示自己的感觉了，这是我经历的以“我”为中心的培训师第一阶段。

2.“你”想学习什么

3 年后，我在另一家公司，一个开放的培训教室里，与 6 名学习与发展组的老师们一起讨论如何开发一门定制课程。每人选择不同主题的课程，这些课程来自业务部门的需求，需确定开发流程、培训目标、课程设计、演练节奏、课程评估等。讨论完，每个人轮流阐述自己的课程设计逻辑，大家互相反馈和评估，一轮又一轮，精品课程就这样诞生了。

作为培训师，我最怀念的也是那个场景，大家对专业的研究和探讨很认真，充满热情，目的一致：如何让课程更好地满足学员的需求。为了打造自己的精品课，采购昂贵的录像带、引进国外版权课程、参加高阶 TTT、学习如行动学习等技术课程等。特别同意田俊国校长的一句话“讲好课才能讲好课”，当你能讲好一门精品课时，你讲课的水平自然就上去了。

这个时候开始有专业培训师的感觉了，正式开始组织内的知识管理、业务实践的萃取和传承，帮助人们更好地胜任自己的岗位，不再局限于自己享受讲台的感觉，更看重学员和业务部门的反馈，不断调整和优化课程。同时，讲课的方式也开始转变了，精心设计了以学员为中心的课程。印象深刻的是，我所在公司的副总裁秘书在参加完我的一次课程后，给了我一张纸条，上面写着她的反馈：“Nick 老师，我能感觉到您今天的课程是非常用心准备的，收获很大，谢谢！”培训师的成就感也许就来于此！

当我们的团队越来越壮大时，我成了培训管理者，招募和带领培训师队伍，规划和实施业务部门的培训。培训部改名为学习与发展部，开始扛起组织内人才培养的旗子。一方面要考虑怎么把自己的培训师队伍培养起来，另一方面要考虑组织人才发展的需求。参与业务部门的例会和公司层面的会议、每月与业务部门探讨需求和反馈、制订培训计划、设计培训师队伍考核、建立内训师发展计划等，使我接触到的面更广更高，而视角的转换则给我带来了认知上的提升。专业人士最大的转变挑战就是如何切换为“你”的视角，站在“客户”这个外部视角看待自己的工作。

这中间也有个挑战：当培训做到一定程度时，讲过很多课是不是代表什么课你都能讲？经常遇到资深的培训师，你问他主讲课程是什么？他会回答什么课都可以讲，只要你告诉他主题就可以了。这会使他的课程看起来很全面，但也可能使他陷入一个“拼课”的陷阱。看几本书、搬一些知识、剪几段视频、组织几场讨论就能成一门课？能成吗？不能吧。所以，“你”（客户）想要什么很重要，但培训师不是什么都能满足的。当一个培训师成为号称的全能选手时，他的价值其实快要耗光了。

3.“我们”想要的是什么

2014 年，我已经是教练机构的负责人了，1 月在丽江遇到了埃里克森学院院长玛丽莲·阿特金森博士，玛丽莲老师的“iTTT 国际培训师培训”课程改变了我的培训世界观，犹如看到了关于培训的另一个世界。激情、高能量、视觉化、精通、全身心地投入、精彩演绎、身心合一地爱学员，玛丽莲老师的课程总是能让人感受到这些。她的课程是一场视觉化的盛宴，使人在学习的过程中犹如进入了一个宏大的场景，这个场景包含几段旅程，而你在每一段充满创造力的旅程里，自然而然收获了自己想要学习的知识和体系，两个字“享受”！四个字“非常享受”！

原来这就是教练式的培训。2009 年我开始学习教练技术，2014 年我才恍然大悟，教练技术与培训的结合如此奇妙。我学完后的第一个动作，是扔掉之前所有课程的 PPT，进而转化为教练化、视觉化、场景化的展示，增加了隐喻、图形和潜意识沟通的语言设计。当我用一个全新的方式来演绎课程时，居然还收获了太太的“葵花点赞手”：“这样改好有代入感，现在一层一层地引人入胜，比以前不知道好多少倍！”一个完美型的人对我有这样的反馈也让我兴奋了一阵子，让我坚持用教练的方式培训，与学员一起创造，做教练型培训师。

教练型培训师的视角在“你”“我”之上，甚至在“我们”之上。传统的培训是传道授业解惑，更多的是我教你去做，学员作为“你”是比较被动地接受的；教练型培训师以“我”的身心合一为起点，以“我们”的成果为意图（培训师、学员、组织、HR 等多方为“我们”，成果来自学员、团队、组织的绩效目标），用提问启发学员的内在思考。就像鸡蛋从内到外的突破是一种蜕变一样，学习从内到外才会真正发生改变。教练式培训的过程调动学员的潜意识创造力和专注力，在视听感的场景里主动参与和练习，离开时带走的是已经掌握的能力、流程和系统，为学员带来工作生活上的积极转变。

教练型培训师的赋能式对话，除了激发和启发学员个体自主思考和创造，当面对一个团队时，教练型培训师还能用深层次提问激活团队之间的有力对话，形成团队的高度共识，保持一致性和协作，以达成团队绩效；并渗透到组织发展的各个领域，如文化、运营、战略、变革等，好像组织之外的推手，推动组织持续发展。虽然做到这些已经跳脱传统培训师的限制了，但是成为教练型培训师有一定难度，还需要继续努力。

以上 3 个阶段是我体验和经历的，可以代表一部分培训师的发展历程。每个人的经历不尽相同，但共同的是我们都从菜鸟走过来，从成熟走向精通，在精通的部分可以“大音希声，大象无形”，可以与你的学员共舞，游刃有余之间变得更有趣、更受学员欢迎。为此，我在学员中间做了几项调查：“什么是受学员欢迎的培训？”“什么是学员不想再次参与的培训？”

什么是受学员欢迎的培训

根据调查结果，把受学员欢迎的培训总结为有料、有用、有趣 3 个方面，具体表现如下。

有料

培训师本身是有智慧的，而且文化底蕴深厚。人们常说“如果想给学员一桶水，则培训师要先准备一江水”。如果培训师在所擅长的领域有很多积累，而且现场案例丰富，那么通过言简意赅的沟通即可调动学员的思考和参与，与学员一起觉察和创造，形成自己独特的呈现风格。

有用

培训目标明确，内容实用且逻辑清晰，与学员有共鸣；培训中设计的体验式活动贴合目标主题，传达正能量，发挥从内到外的感染力，激发学员内驱力和潜能；有简单实用的工具方法，有练习和反馈，通过参与激活学员旧知，建立新知。

有趣

培训师会讲故事、幽默，可以通过语言调动学员的多感官反应，从而建立深度连接的场域；设计有乐趣的活动，如采用翻转课堂的形式，引导学员在培训结束后主动实践。

什么是学员不想再次参与的培训

此项调查结果与“什么是受学员欢迎的培训”的调查结果相对应，即包括无料、无用、无趣 3 个方面，具体表现如下。

念课件，PPT 复读机
天马行空的设计，与学员无关
自吹自擂，居高临下
无表情、严肃、冷漠
讲的内容学员都知道
只喊口号无干货
低俗的激励和套路
打广告和强植入
打鸡血，市场功利导向
深挖痛点，痛批学员一无是处
语速过快，没有跌宕
内容老套没有迭代
内容不契合业务需求

自嗨，内容不落地

俗，不大气，品位低

无互动、无沟通、无故事

……

什么才是有价值的培训

培训行业从2000年左右兴起，红红火火约20年，因行业进入门槛低，所以越来越多的人希望成为“站着就把钱赚了”的培训师。根据学员调查显示市面上出现了各种各样的培训师类型：讲授型、表演型、引导型、游戏型、体验型、灵修型、洗脑型、网红型、视频型、灌输型、师傅型、顾问型、鸡血型、大师型、父母型……而从中立的角度看，无论什么类型的培训师都有他的价值。本书介绍的是教练型培训师。

在每个时代或社会发展阶段，都有不同需求的培训类型，当下什么才是有价值的培训呢？

在一次培训前的电话访谈中，一名高管对即将参与的课程安排并不知情，虽然在企业内部已经提前发了邮件，通知参训的高管参与训前调研的事宜，但是当得知我在进行训前调研时，高管的回复是：“Nick教练，您不打电话我还真不知道有这个培训。我收到邮件了，但是太忙了还没时间看HR的邮件，我还不知道是否能参加公司组织的这次培训？”这是HR经常遇到的囧境，对业务部门的影响力不够，从而影响培训的效果。

“假如您来参加了，什么样的培训对您是有价值的？”

“两个方面，一是您讲的内容我从来没听过，您也知道我已经参加过无数次培训和研修班了，您要是有新东西我一定来；二是虽然我知道一些道理，但我一直做不到，您要是有办法让我做到，我也一定会来。此外，以上两个方面都要与我的工作有关。”

从高管的期望中，可以看出一个有价值的培训至少包含得到和做到两个部分，即得到新的认知，习得新的行为或养成新的习惯，否则培训的效果会大打折扣。如何做到呢？可以从受欢迎培训的调研结果中初见端倪：一方面，需要培训师自己的积累达到一定的程度，而且在培训前培训师有一定职业素养和以身作则的榜样力量；另一方面，需要在培训过程中淡化培训师的角色，即培训师往后退一步，将自己已经积累的知识变成无形的手，引领学员主动觉察和创造，使学员自己能够得到和做到，最终达到“培训”目标。

小　结

1．培训师的自我定位：你希望成为什么样的培训师？

2．培训师发展的 3 个阶段：

“我”怎么做好培训？

“你”想学习什么？

“我们”想要的是什么？

3．受欢迎的培训：有料、有用、有趣。

4．不受欢迎的培训：无料、无用、无趣。

5．有价值的培训：得到和做到。

自我教练

1．清晰希望成为什么样的培训师对我有什么价值？

2．我经历了哪些培训师发展的阶段？

3. 我的培训中哪些是受欢迎的？

4. 假如有价值的培训可以打 10 分，我现在做到了几分？

5. 站在学员角度，还需要我提升的是什么？

第 1 部分

教练型培训师的特质

第 1 章 教练型培训师的简介

把你想成为的培训师的样子画出来，看着你的杰作，观察他，很快你就会变成你想成为的样子！

——Nick 教练

教练与培训有哪些不同

何为教练？在人们的已有认知里，体育、健身等领域都有教练，像郎平一样的体育教练很成功，虽然教练本身不上阵打球，但她可以训练和带领球队最终拿到冠军。1995 年，教练作为一个商业社会里的角色诞生了，国际教练联合会（ICF）将教练定义为：“通过一系列有力的提问激发客户，陪伴和支持客户经过一段有创造力的过程，达到其事业和生活上的成功。”与传统教练最大的区别在于“教”的方式变了，教练不给答案，大部分的沟通方式是提问。

“教练”一词来自英文“Coach”，英文原意是四轮大马车。当客户坐上大马车时，谁在主导方向？马还是车夫？都不是，是客户。客户说他想去北京，大马车会陪伴和支持客户到达他想去的地方，并不会建议他不要去北京而是去上海。客户决定方向和路径，而教练的作用在于启发他思考“我想去哪，如何才能到达那里”，我通常用登山体验来比喻教练的过程。

大多数人都有登山的经历和体验。在山脚下，人们面对未知需要鼓足勇气迎接挑战，在登山过程中，人们与同伴相互鼓舞地披荆斩棘，开辟出自己的一条登山之路；到了山顶的那一刻，“一览众山小”，仿佛站在了世界之巅，心情无比舒畅；下山后，则希望与更多人分享喜悦。

人们享受登山的过程，更享受将大地踩在脚下的感受。教练的过程是陪伴客户登山的过程，即与客户一起创造卓越的体验，帮助客户开辟属于他的那条通山之路。

客户来到教练身边时的状态，仿佛在山脚下徘徊，抑或在自己探索的路上遇到了一座座大山的阻挡，有些迷茫甚至心中一团乱麻，没有头绪。此时，客户虽然心里有很多想法、想要抬头挺进，却被一座无形的大山挡住了去路。客户被压垮了，开始否定自己，不敢正视自己，被环境和体制所困并抱怨周遭的一切，想要改变但又无能为力。

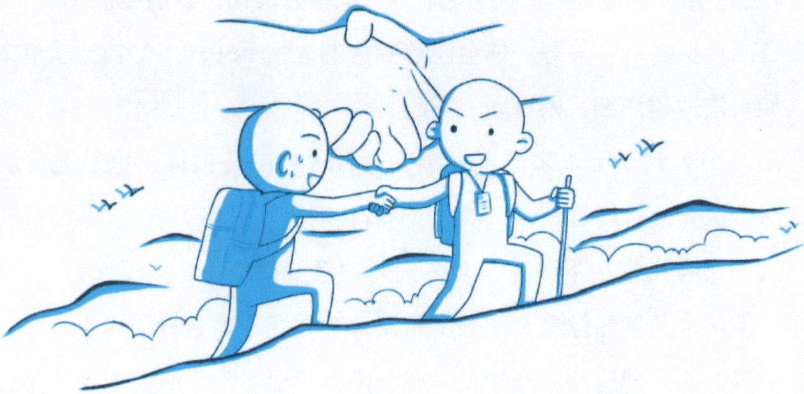

这时教练聆听客户所说，与客户同在。教练与客户建立了信任的关系，并邀请客户“一起去登山”。在客户的允许下，教练陪伴客户开始了登山之旅。

在登山的过程中，虽然客户会抱怨领导的不认同、家庭的不睦、山路的崎岖、乱石的阻挡、空气的潮湿等阻碍了前进的方向，但是教练会让客户看自己：“你看，你已经走在了登山的路上了，是你在登山，你的挑战是什么？”“你的目标是什么？”“你想要的是什么？”“你能控制的是什么？”

教练在陪伴客户登山的过程中，一步一步地帮客户聚焦他到底想要什么，客户的登山之路越来越清晰，更加坚定自己的目标和方向。

到了山顶的那一刻，一切都变得不一样了，客户从一团乱麻中逐渐梳理出了一个完整的自己、一个成功的自己、一个有创造力的自己。灿烂的阳光洒在脸上，张开双手拥抱成功和喜悦，享受山顶登云驾雾的轻松和群山万众敬仰的膜拜。与世界的一切连接起来，发现自己就是那个产生影响的中心，那个目标实现时的成功的自己。此时的你仿佛到了山顶，充分体验了成功的那一刻是什么样子的，鼓足了气，动力十足。

教练通常会问：“假如你真的做到了，你看到了什么？听到了什么？感觉到了什么？你是怎么做到的？与之前有什么不同？”

客户在充分认可和信任自己的基础上，会详细描述他现在的做法与之前的做法有什么不同，如“我主动找领导沟通”“我抽出更多时间陪自己的妻子”“每当我情绪爆发的时候我会忍住”“领导会说我比以前更加细心了”“和孩子在公园里玩游戏”等等。你会注意到他的表情不一样了，找到了更多的突破口。如果描述越详细，则行动方案越具体。

在山顶上看到自己未来的美好画面后，客户的价值体系也被充分展示出来，这时教练会继续问客户：“你往山下看，看到了什么？”

当人们站在山顶往下看时，会看到一切都变得很小，房子、行人、树木、田地等。但换个角度好像看到了很多条路，有羊肠小道，有山路十八弯，还有高速公路等，如果把这些路连接在一起，则客户会看到平时看不到的路径，而总有一条是通向自己的目标之路。

之后让客户选择：“你会选哪一条路实现自己的目标？”客户也许会选择一条高速公路：“好，那就沿着这条路行动吧！”客户受到了更大的鼓舞，更有动力和信心去实现自己的目标，不再被外部环境所困扰，聚焦于自己的高速公路。教练只是在陪伴和支持，客户选择走自己的路。

教练过程的登山之旅是在进行心智创造，柯维先生说过，“任何的创造都会经历心智创造和实际创造两个阶段”。

通过教练的提问和激发，客户先在心智上体验未来，再从万米高空回到地面执行，最后得到自己想要的。西方有一句谚语：“乌云背后的幸福线。”乌云会慢慢散开，背后就是一道幸福线。如果先支持客户看到那个幸福线，他自己会创造属于自己的未来！

在教练的过程中，可以是1:1教练也可以是团队教练，这与传统培训有很大不同。培训更像传统教练，需要很多告知和经验传递。培训的前提假设是学员都不懂或没有培训师懂得多，需要培训师来告知。教练的前提假设是客户知道答案，客户有资源、有创造力。如果把教练的理念运用到培训中，教练相信学员已经知道了答案，只是需要激发创造力，而且学员创造的比培训师知道的更多，这是颠覆传统培训的关键所在。

教练如何让培训更有价值

当培训师了解了教练的工作理念和方法时，会让培训工作更有价值。

当培训师站在教练的位置培训，没有专家的优待和高位，与学员站在一个平台上，专注“什么是有价值的”而不是“谁说的是有价值的”，往后退两步以谦卑之心，保持期待和好奇时，自然吸引学员主动思考和创造。

当培训师学会用教练的方法培训时，更容易与学员建立互动的关系，保持中立的状态，聆听学员的想法，通过有力的提问启发学员，帮助学员自己创造新的觉察，积极规划行动并实现它。当学员们自主地寻求成就时，实际上他们已经掌握了解决问题的方法。所谓教学相长，培训师在此过程中的收获不亚于学员。

当培训师成为教练时，会发现培训转化从现场结束的那刻起才刚刚开始。用教练的方式跟进辅导，为学员赋能，推进学员将所学与实际工作相结合地应用，并且一步步验证和优化。当学员整合自己的应用，帮助工作和生活真正发生积极转变时，培训的价值才被激活。

为什么潜意识的学习更有效

人们的意识，虽然大多数时候聪明有效，但其实隐藏在意识层面下的潜意识，才是萌生智慧的真正所需。

——史蒂芬·吉利根

为什么人类可以走出非洲，统治世界？尤瓦尔·赫拉利的《人类简史》一书中有以下记载。

“虚构”这件事的重点不只在于让人类能够拥有想象，更重要的是可以一起想象，编织出种种共同的虚构故事，不管是《圣经》的《创世记》、澳大利亚原住民“梦世纪”，甚至连现代所谓的国家其实也是种想象。这样的虚构故事赋予智人前所未有的能力，让我们可以集结大批人力、灵活合作。虽然一群蚂蚁和蜜蜂也会合作，但方式死板，而且其实只限近亲。至于狼和黑猩猩的合作方式，虽然比蚂蚁灵活许多，但仍然只能和少数其他十分熟悉的个体合作。智人的合作则是不仅灵活，而且能和无数陌生人合作。正因如此，才会是智人统治世界，蚂蚁只能吃我们的剩饭，而黑猩猩则被关在动物园和实验室里。

神、宗教、国家等虚构故事是想象的世界，看不到摸不着，当时的认知并不在智人的意识层面，这个在现代被称为愿景的想象正是通过潜意识创造出来的。当成千上万的智人相信这个想象，并将此变成共同的信念，植入到更多群体的潜意识时，这已经在影响智人以后的行为了，这使他们共同团结起来，为了想象的世界而打败其他种族，冲出非洲。直到现在，我们还活在这个想象的现实里，潜意识的创造力就是这么强大。

从智人走出非洲来看，至少可以从两个层面理解潜意识，一是潜意识可以创造、虚构一个想象的世界，允许有更多可能性；二是潜意识可以储存和成为记忆，当更多群体相信并认同虚构世界的存在时，凝聚力就产生了，而共同的目标和统一的行动最终会导致这个想象变成现实。把想象变成现实的过程是从潜意识到意识的过程，也是带领学员创造、认同和实践的过程，即使学员从内到外地学习。如果学员能够主动创造，并和培训师共同实践 、验证，则比培训师单方面传递信息更有效。

威廉·卡朋特认为人类有两种完全不同的精神活动，就像两列并行的火车，一个是意识，而另一个是潜意识，以下来对比一下这两列火车的区别。

潜意识	意识
本质	表面
启发	灌输
开放	封闭
愿景	能力
身份	行为
价值观	环境
隐性	显性
体验	逻辑
感受	选择
想法	概念
流动	一个方向
不设限	判断
发散	聚焦
过程	结果
主动	被动
内在	外显
提问	告知

培训师在上课之前都会做大量准备，包含大量信息和数据，拥有一个大宝库，而学员们的潜意识里同样有数不尽的宝贝，这些融合在一起是一座万国博物馆。

培训师期望学员主动探索。如果培训师首先调动了学员的意识脑，则学员会用逻辑判断来审视学习内容和博物馆藏品的好坏，而不会直接接纳和吸收；如果培训师首先打开潜意识体验的大门，拆掉意识的墙，让学员的想象流动、思维碰撞、创造力迸发，则他们会与潜意识里的智慧共舞，先接纳吸收，最终再到意识层面选择应用。

研究显示：如果将人类的整个意识比喻成一座冰山，那么浮出水面的部分就属于显意识的范围，约占意识的 5%。换句话说，95% 隐藏在冰山底下的意识就属于潜意识的力量，这仅仅是理论值，就像爱因斯坦、爱迪生等天才人物，一生中也不过运用了他们潜意识力量的 2% 不到。所以相信学员潜意识的创造力，这样的学习才会真正有力量。

教练如何激发学员的潜意识体验

教练如何激发学员的潜意识体验？教练是以成果为导向的，先把焦点调整到未来“我们想要实现”的部分上，再探索如何采取行动。先看一下这两句话：请不要大声喧哗和请轻声细雨。

看到以上这两句话你有什么不同的感受？在现实的博物馆里，因为均希望到访者能安静文明地参观，所以在博物馆的墙上会用一些标语来提醒。先来感受一下“请不要大声喧哗”，你大脑里看到的是什么？是大声喧哗的画面，因为越是提醒不要做什么则越是会做什么。几年前我参观台北故宫博物院时，看到博物馆里巡场的年轻人会很有礼貌地举着“请轻声细语”的牌子走到大声喧哗的访客面前，当访客看到这个牌子时声音马上变小了。为什么？因为潜意识的特点是不能辨别真假，而人们的大脑皮层被称为视觉脑，这使人们会对有画面的内容照单全收。基于这个特点，教练会从成果方面来引导，如问：“我们想实现的结果是什么？”把问题转化到成果层面来互动沟通。

潜意识还有一个特点是有记忆。深层次的记忆会暗示行为，如你是老司机，当有多年上路经验以后，你会很自然地换挡、打方向、等红绿灯、避让车辆等，非紧急情况不需要刻意提醒自己。如果把潜意识比作员外家里的大院子，意识就是员外开门出去的选择。当潜意识植入很多负面信息时，就会抱怨社会、公司和同事，而员外开门出去的行为显示他是个恶霸；当潜意识植入的是正向积极的思维时，就会对社会做出贡献等，而员外开门出去的行为会显示他是个乐于助人的善人。作为教练型培训师，你不只是在传递知识，你还在传递一种价值——以身作则的正向价值。而正向价值也会传递情感，这恰恰也是潜意识的另一个特点：偏爱有感情色彩的东西。当学员们在吸收正向价值时，他们的行为也会更加积极正向。虽然作为培训师常常会听到业务部门人员的抱怨，但是现在你知道怎么做了吧。

想象一下，假如让你去登一座 4 500 米高的山，你会怎么做？查询和选择登山路线；准备物资，如红景天、登山拐杖、防寒服、登山鞋、手电筒、食品等；咨询专家；找一个有经验的搭档或组建一个团队；预估登山过程的风险；锻炼身体等。潜意识有个特点是可以创造现在看不到的东西，这个创造不设限。当开始行动时再用意识脑去判断。作为教练型的培训师会通过开放式的提问去引导学员创造。登山有很多方式和可能性，与达成业绩目标、做好有效沟通、推动某个项目等商业社会命题是一样的，只要通过提问启发潜意识，就打开了学员创造的水龙头。

为了更好地辅助创造的产出，还需要了解潜意识的另一个特点，即潜意识喜欢图画、视觉和有色彩的东西，这就需要培训师用更多的视觉元素来表达自己的内容，并且加上适当的音乐和色彩，不要只有概念和知识，要把枯燥的内容变成形象生动的表达，才能助推学员更容易参与进来。

教练型培训师的画像

教练型培训师到底长什么样子？教练型培训师的画像如图 1-1 所示。

教练状态：教练型培训师与传统培训师的一大区别，首先是带着教练状态去培训。国际教练联合会（ICF）官网对教练状态有详尽要求和描述，以下摘自陈绰教练的翻译。

有能力保持完全的清醒、与客户建立自然而然的关系，树立开放的、灵活的、自信的风格。

a. 在教练过程中专注、灵活，适时适景、因地制宜。

b. 利用直觉，相信自己内心的感知——“跟着感觉走”。

c．对于不知道的领域保持开放的心态，敢于冒险。

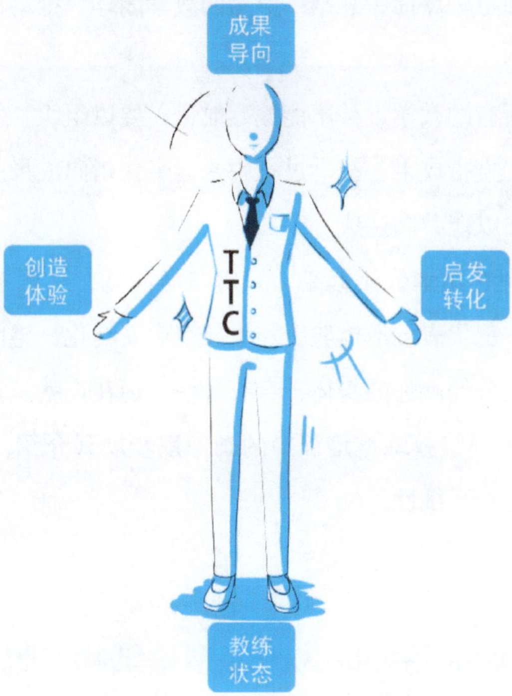

图 1-1　教练型培训师的画像

d．知道处理客户状况的多种方法，并选择当时最有效的方式。

e．有效地运用幽默，创造轻松活跃的气氛。

f．自信地转换视角，在行动上尝试新的可能性。

g．在处理强烈的情绪时显示出自信，能进行自我控制，而不陷入客户的情绪或被客户的情绪所控制。

以上是对专业教练的教练状态的考核要求，供参考。第 2 章会介绍教练型培训师的状态，以及如何在培训过程中更好地帮助学员发生积极转变。

创造体验：创造体验是提升认知的开始。本章节探讨了潜意识学习的部分内容。教练型培训师要学会激发学员的潜意识体验和创造，并且有节奏地掌控学习中潜意识到意识的过程。

启发转化：体验是为了“得到”，转化是为了“做到”。教练型培训师要设计体验—演示—练习—反馈—总结—应用的教学闭环，推动认知到行动的转化过程。

成果导向：所有的教学设计不能偏离航道，要以组织、学员和培训师的多方需求为出发点，直指成果。教学过程中永远牵住指向成果的绳子，保持教学在正确的轨道上，以能共同达成。

看到这里，现在邀请你站起来，双脚与肩同宽，扎根地下。脚踩教练状态，伸开双手，右手代表创造体验，左手代表启发转化，望向前方，时刻记住以成果来牵引，充分伸展你的身体，身心合一。现在你就是教练型培训师了。

以下的章节将围绕教练型培训师的画像逐步展开介绍，让教练型培训师的培训更完整和更有系统性。

你准备好成为教练型培训师了吗

你准备好成为教练型培训师了吗？

与你想成为的培训师的样子有什么相同之处？

又有什么不同之处呢？

他们俩走到一起会变成什么样子？

现在给你一点留白的空间，邀请你把他画出来：

看着你的杰作，观察他，试着成为他。

神经语言程序学的基础是模仿。如果你想成为谁，那么想象你已经成为他，并且模仿他，很快你就会成为他，这是潜意识的力量。

小　结

1. 教练与传统培训的不同：教练相信学员知道答案。
2. 教练让培训更有价值：

   教练的角色更容易使学员发挥主动性。

   教练的聆听和提问激发学员的创造力。

   教练的持续辅导帮助培训落地。
3. 潜意识的学习更有效。

   培训师打开潜意识体验的大门，与学员一起在博物馆里尽情吸收创造之能。
4. 教练如何激发学员的潜意识体验？

   成果导向—传递正向价值—启发可能性—视觉化。
5. 教练型培训师的画像。

   教练状态—创造体验—启发转化—成果导向。
6. 准备好成为教练型培训师或你想成为的样子。

自我教练

1. 如何从传统培训师切换到教练型培训师的角色？

2．你平时在教学中使用教练的哪些方法？

3．现在，你对潜意识学习有什么新的认知？

4．接下来，你会在哪些方面激发学员的潜意识体验？

5．成为教练型培训师你还需要发展的是什么？

第 2 章 教练式教学的原则

为你的状态设计一个有仪式感的动作，可以是站到教室的一个点，也可以是你拿起笔的一个动作，当你完成这个有仪式感的动作时，提醒自己要切换到教练的状态教学了。

——Nick 教练

状态在先，技巧在后

1975 年，美国网球教练添•高威宣称自己找到了一个不用“教”就可以让任何人在 20 分钟内学会打网球的办法。这在当时引起了很多人的质疑。

美国 ABC 电视台以“质疑者”的身份组织了一次现场实验。他们给添•高威出了一道难题：组织 20 个从来没有打网球的人，要求添•高威在 20 分钟内教会他们，并在现场计时。其中一位叫莫莉的女人，竟然穿了一条像木桶一样的长裙！ 77 千克的她，已有多年不运动了，笨重的身体连行动都不方便。结果，她成了第一个被教练的对象，所有的人都幸灾乐祸地看着添•高威。

添•高威站在莫莉面前，告诉她不要去担心姿势和步伐的对错，不要一副竭尽全力的样子。其实很简单，当球飞过来时，用球拍去接。接中了就说：“击中了（Hit）！”如果球落到了地上，就说：“弹回（Bounce）！”在练习过程中，添•高威还告诉莫莉，留意球飞来的弧线，留意聆听球的声音，把焦点集中在球上。慢慢地，莫莉击中的次数多了，弹回的次数少了。在最后 3 分钟里，添•高威开始教莫莉打网球中最难的部分——发球。添•高威对她说，想想你是怎么跳舞的，哼着音乐也可以，闭上眼睛，想象跳舞的样子，然后睁开眼睛，随着这种节奏发球就可以了。奇迹出现了——所有的电视观众看到了，在最后 1 分钟里，穿着长裙的莫莉在场上跑来跑去，虽然很不方便，但能很自如地打网球了。

这一结果出乎所有人的意料，在采访中添•高威解释说：“我并没有教她打网球的技巧，我只是帮助她克服了自己不会打球的固有意识，帮她将注意力集中在网球上，这样她的心态经历了‘不会’到‘会’的转变，就是这么简单。”

这是企业教练起源的真实故事，莫莉女士在受邀参加现场实验以前有很多抱怨，她一直没有学会打网球，以前的教练一直在纠正她错误的姿势，导致她对打网球失去了信心，她本来已经决定这辈子再也不学打网球了。添·高威帮她重塑信心，转变心态。教练调整莫莉的状态对她学会打网球的技巧起到了根本性的作用，这也是我提倡的，状态在先，技巧在后。

今天你的状态怎么样？非常好，好到可以吃下一头牛！好的状态可以用自信满满、神采奕奕等词汇来形容。今天状态一般，什么也不想做！不好的状态可能是精神涣散、萎靡不振。一个球队战绩不好，人们经常会说这一场球队不在状态。状态的好与坏，会直接影响行为和结果。状态是精神、思维、情绪、行为等的表现。状态会被影响。你也可以将状态理解成自己处理关系的结果，如与自己、工作、领导、生活、家人的关系等。状态也可以调整。你希望达成什么样的状态？什么样的状态更能有利于自己实现目标？当什么条件满足了时你的状态就会发生转变？

轻松、愉快、自信、真诚的状态下一定更能支持人们发生积极转变。作为教练型培训师，调整学员和自己的状态都在使用工具和技巧之前，不然学员会发现你只是在用套路而已。

教练型培训师如何看待学员

教练起源的故事让人们看到了莫莉女士的状态被教练调整以后的作用。作为教练是不是也需要调整自我状态呢？教练如何看待学员才能帮助他调整呢？假如添·高威认为穿了木桶长裙、77 千克的莫莉女士真的打不好网球，姿势太不标准了，这个类型的学员太难教会了，相信添·高威很快就会放弃，莫莉这辈子也不会再碰网球了，对教练也会产生心理阴影。

教练型培训师作为帮助他人、影响他人的起点，是需要先调整自己状态的。如何看待学员决定了培训师带着什么状态帮助学员。作为培训师，我们一定有喜欢的学员类型，如积极发言互动、带领其他学员一起讨论、尊重培训师、帮助其他学员答疑解惑、还能做点行政工作等；也有不喜欢的类型，如与培训师唱反调、低头看手机、不回应任何提问、不参与讨论、怎么都带动不起来等；我们还会用性格测评工具为学员分类，抓住社交型学员，与之积极互动。

这就像在引言部分探讨学员眼中好的培训师是什么类型的一样，现在站在培训师的角度看学员，关系一定是双方互动的。也可以从中立的角度看学员，无论什么样的学员一定有他的价值所在。教练的视角是中立的、系统的、全局观的，国际教练联合会（ICF）的教练看待被教练者的方式是认为每个人都是系统的、完整的、足具智慧和资源的。

教练用发展的眼光看待学员，不会局限于好与坏或性格局限。教练状态有五大原则，接下来我把它调整为教练型培训师的五大原则，以探讨总结培训师带着什么状态更能支持学员发生积极转变。

什么状态更能支持学员发生积极转变

相信“学员总是有优势和潜力的”

Chuck 和 Will 是好朋友。Chuck 每天会去接 Will，一起花天酒地，打架滋事，同时 Will 是麻省理工的一名年轻的清洁工。两个问题青年挑起了篮球场的群殴，打得鼻青脸肿，Will 被送进看守所。数学教授 Lamb 在教室走廊的公告板上公布的一道数学难题一直无人能解，直到不可思议地被年轻的清洁工 Will 解了出来。问题青年原来是天才，Lamb 惜才，向法官求情保释 Will，为了不泯灭他的天赋，请了不少的心理治疗专家为 Will 做辅导，但都被 Will 耍得团团转。

有 3 个人对 Will 的影响很大，心理学教授 Sean、女朋友 Skyler 和朋友

Chuck。Sean 从 Will 的心理需求出发，通过跟随和引导，让 Will 逐渐敞开心扉，豁然开朗；Skyler 就像镜子一样让 Will 有了更深的自我认知，通过与 Skyler 的交往和 Sean 的提点，Will 明白了不完美与完美的意义；最佳损友 Chuck 给 Will 说了一句话："我希望我每次去接你的时候你都不在，不说'再见'地悄悄离开。"其实 Chuck 早就发现了朋友的天赋，不希望把它浪费在花天酒地里。经过大家的不懈努力，Will 最后探寻到了自己的人生目标。

以上是电影《心灵捕手》的剧情主线。主人公是一个天才，同时也是一个社会人。普通人不会像 Will 的人设如此极端。其实，每个人都是一个矛盾体，有好的一面，也有"有问题"的另一面，要如何看待，才可以更好地支持他人发生积极转变呢？

先来戴一副"NO"的眼镜

现在，戴上这幅"NO"的眼镜看看自己和周围，先从自己开始。我有什么问题？有哪些事情是我学不会也永远做不到的？曾经在咖啡厅随机采访一位朋友，他回答说："说话太直接，要求太多，不懂电子的东西，一碰到电脑就头晕不知所措。"继续问下去，这些问题对你工作、生活带来什么影响？他回答说："有时会否定自己，觉得自己不适合跟别人打交道；有时也会认清自己的优势和劣势，感觉自己有很多不足，在很多方面没有自信。"

如果戴上这副"NO"的眼镜看看你的另一半、你的孩子、你的同事和你的领导，则必定能从他们身上看到很多问题和缺点：他（她）总是爱唠叨，烦死了；他（她）就知道玩，玩绝对比学习有天赋；他（她）老是在领导面前邀功，估计背地里说了我不少坏话；他（她）是个 D 型的独裁者，从不听我们的意见。就像在他们头上扣了一顶帽子，"你就是这样的人，别想在我这翻身"。当你用这副"NO"的眼镜看学员时，你就像一个专治疑难杂症的医生，看到的都是问题和抱怨。这个思维也会左右你的行为，你会很想纠正他们，证明他们是错误的，并且希望扭转乾坤，改变他们，可到头来总结出一个"改变他人是不可能的真理”。看来，你中招了！

再换一副“OK”的眼镜

你的目的是支持他人和自己发生积极转变，但太关注问题好像很难做到这个，那么换副“OK”的眼镜来看看。不管自己多高、多矮、多胖、多瘦，在哪些方面你还是比较认可自己的？再继续咖啡厅的采访，当问他有哪些优点时，他回答说：“我写东西绝对是拿手的，我是一个注重细节的人，公司很多文件都是由我来审批的。”做这些又对你有什么影响？他继续回答说：“当然是得心应手啊，领导也很认可，自己觉得也很有成就感。”这时你是不是想到“天生我材必有用”“存在即是合理”等至理名言了？

再换这副“OK”的眼镜看看你的另一半、你的孩子、你的同事和你的领导：他（她）很关心我，也很浪漫；我们家孩子很有创造力，想象力丰富；我的同事总是在我需要的时候帮我一把；我们领导很有前瞻性和领导力，果断决策等。

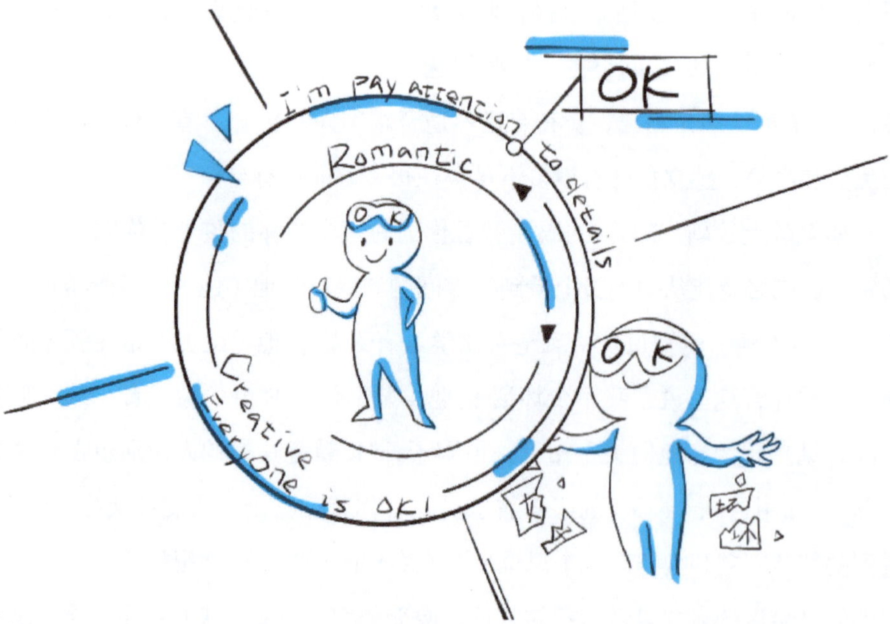

当你从医生的视角切换为支持者的视角时，是不是不再纠结孰好孰坏了？“OK”代表的不是好，而是站在好和坏之上，不带自己先入为主的判断，更中立地看待人和事，客观地发现有优势和潜能的部分，能更好地发挥他人的潜力和优势，从而发生积极转变。

相信“学员总是有足够的智慧和资源去创造他们想要的成果”

“One More Thing”是苹果前 CEO 史蒂夫•乔布斯的经典名言。史蒂夫•乔布斯在临近发布会结尾时酷酷地说一句“One More Thing”（还有件事儿），然后带来最大的惊喜。这句经典名言“One More Thing”已经深深地烙在很多人的心里。每当这句经典台词出现时，必有激动人心的新品登场。

这里不是在歌颂苹果和乔布斯，像四大发明、电话、火车、飞机等比苹果伟大的发明创造比比皆是，但人们更看重的是创造这些成果背后的人，每每人们使用新的技术或不可思议的新产品时，总会感叹是谁创造了它们，是如何做到的，最后总得出结论：人们总是有足够的智慧和资源去创造他们想要的成果。这些人其实就是你我，不需要创造多么惊天动地的新发明，只需要创造想要的“One More Thing”即可，这个思维用在每个平常人身上一样有效。当人们清楚想要什么的时候，总能找到内在的或外在的资源去实现它。

当我用这个理念支持我的学员时，有很好的效果。

几年前，我做过一个销售团队的教练，这个团队当时的状况并不乐观，虽然有很好的市场和客户基础，排名却在全国倒数第 5 名，总部给的压力很大。当我开第一次团队会议时，感受到的是冷冷的氛围，看不到希望。经多次建立信任后，我与其中一个销售人员有了以下的对话：

你为什么选择做销售工作呢？

做销售可以赚钱，还能积累大客户。

积累大客户对你有什么帮助？

如果以后我自己开公司，有大客户在手肯定没问题。

自己开公司，可以跟我谈一下吗？

男人嘛，总得有自己的事业。

有了自己的事业，会给你带来什么？

成就感、满足。

那现在的工作对你以后有成就感的事业有多少支持？

支持远远不够，客户量太少。

那你要在这里做到什么程度，才对你未来的事业有价值？

至少要有 100 个核心客户。

怎么做到呢？

……

以上是我们对话核心部分的截取内容，重点帮助他重新梳理目标和价值，再去探寻解决方案。我帮助他记录了他所规划的行动，并且整理后用电子邮件发给了他，之后再做如下沟通：

你之前提到积累 100 个核心客户的方案，你觉得多大程度上可以帮助你实现目标？

如果全力以赴的话，100% 没问题！

那你看看这些解决方案有哪些是我告诉你的？

好像没有，好像是我自己说的！（摸摸头）原来我心里确实有些碎片化的想法，被领导一批评就不敢提了，现在教练帮助梳理得更清晰了，也有了一些新的想法，太好了！

我也为你感到高兴，特别欣赏你的探索精神，向你学习，我也学到了积累 100 个客户的十大秘籍。期待你的全力以赴。

这位销售人员是我辅导的团队中进步最快的。每个人都有完成任务的想法，每个人都想做得更好，也许我们用自己的判断帮他关闭了思维的大门，没法将其创造力发挥到最大。如果我们相信我们的学员，那么支持他们的方法就不一样了，你会引导他思考，调动他内在的智慧和资源，培养他独立完成任务的能力，相信他的创造力一定超乎你的想象。

相信“学员的正向动机总是能支持他做出积极的转变”

当我们研究上面销售人员的行为时会发现，行为背后有一条与内在相连接的链，即销售—赚钱—开公司—事业—成就。不管你做什么都有一个积极的意愿，也就是正向动机。销售是为了什么？赚钱！赚钱了以后呢？开公司！开公司的目的是？事业！事业的意义呢？成就感！满足！等等。我经常会在课堂上问学员关于动机的问题，大家都会表达更多行为背后的积极意愿。

哪怕是负面的行为，如学员的挑战，当我们接纳他的行为，再去看背后的动机时会发现，他的挑战是为了表现自己的能力和学识，或者是为了让大家认同。在一次教练领导力的课堂上，我遇到一个在国学领域很有造诣的学员，由于教练来自西方，他会在国学上对教练有很多质疑和抵触，“Nick 老师，你讲的这些我们老祖宗几千年前就说过了，比教练还要深”，在课程中不断冒出挑衅的话，我发现对他的话其他学员有认同的也有反感的。接下来我邀请他：“教练的思维确实来自西方，既然你对国学研究这么深入，我想邀请你，用 10 分钟帮我们分析教练和国学的相同之处和区别之处，我也邀请大家趁这个机会一起学习一下，因为不同思维的碰撞一定会产生更深的理解。”在大家的掌声下，他在两张白板纸上分别写下了自己的阐述内容，确实也让大家收获很多，触类旁通。“特别感谢，看得出你有很深的研究，我希望在这两天课程的每天结束时你都能帮我们做个小的对比总结。”

这位同学很高兴地接受了这个任务。为了每天能做好对比总结，他在课程中非常投入，因为先把教练的知识学透了才能做对比。最后，大家慢慢地对他产生了更多认同，而且互相探讨碰撞的学习氛围也被点燃了。从头到尾，我没问过这位学员现场挑战我的动机，但我始终相信他一定有他正向的意图和表达即正向动机，而学员的正向动机总是能支持他做出积极的转变。

相信“学员处在当下时总能让学习效果达到最好”

在你的培训工作中，有没有遇到过特别不配合的人？也许你也会遇到以下类似场景。

有一年冬天，出差去哈尔滨培训，12 月去北方出差还是很兴奋的，因为南北温差较大，期待能够遇到大雪纷飞的天气，可以感受一下天地间白茫茫的画面。没想到还真的如愿以偿，培训前一天哈尔滨下大雪了。赶飞机时有种心想事成的小兴奋，结果飞了 1 小时，直接降落到了青岛，原因是哈尔滨雪太大，飞机无法降落在哈尔滨。

这个反转来得太快，直接被航空公司送到了招待所里，条件寒酸到连坐下来的心情都没有。接到通知，第二天要看天气情况决定起飞还是返程。与培训客户沟通后，客户也很理解，因为天气原因是不可抗力。客户回复如果第二天能来，就把课程浓缩到一天讲完。此次参加培训的学员都是领导，年底很忙，没理由因为我的航班原因多留他们一天，我也很理解，表示认同这个解决方案。当时心里在算计，少一天课，就少一天讲师费。再看看四周的环境：明显被烟烧过几个破洞的床铺、各种起球的地毯、洗手间摇摇欲坠的水龙头、淋浴房滴答滴答的水声。天哪，我为什么被安排在这种地方？行李不敢放、外衣不想脱，从踏进房间的那一刻起就想逃离。最后在招待所大堂的木制沙发上，坐着凑合了一晚上。就算做了一次心理建设，让自己再强大点吧。

幸运的是，第二天还是起飞了。下了飞机已经是第二天傍晚了，顿时被一种凄凉的寒冷侵袭。机场出来没多少人，急忙坐上了赶往酒店的出租车。白茫茫一片，确实是另一番天地。路上除了厚厚的白雪，还有浓浓的雾，整个天地就像蒙上了一层磨砂玻璃一样，真的看不清楚，师傅开得也很慢。在所有十字路口，车都很小心翼翼地在等待和通过。有些车为了防止路滑还在轮胎上装了防滑链，发出金属碰撞、摩擦的声音。这让我非常应景地联想到美剧冰血暴的气质，阴冷、凄凉、孤独，这个培训怎么进行啊？

不得不说，北方的市内还是温暖至极。客户请我去俄罗斯餐厅吃饭，大列巴、红菜汤、牛肉大串……这让我很快放下了之前的种种不悦。吃货本质。第二天正式上课，学员纷纷入场。就在课程刚开始的时候，发现了一个当时认为蛮奇葩的现象。不知道大家有没有遇到这种情况，也可以请大家先想一下：课程现场你最不想看到的场景是什么？你不希望学员在听课之外做什么——玩手机？聊天？睡觉？都不是，有个同学在现场织毛衣！真是手工活了得，一刻都停不下来。越注意什么就会越放大什么，织毛衣的动作特别闪眼睛，影响上课的状态。

那天的课程主题是“高效管理者”，开场提问：“大家在管理过程中会遇到哪些挑战？”大家在讨论中提到如何管一批比自己专业的人。我顺势做了连接：大家觉得身边有哪些人士是特别专业的？坐在织毛衣姐姐旁边的同学马上举手说：“我这有个厉害的，上课还在给老公织毛衣。”那个姐姐有点不好意思地说：“给儿子织的。”大家跟着一阵狂笑，我接着问大家：“就像今天的场景，假如你是管理者，如何才能引导专业人士回到团队的正轨上呢？”顿时用一种幽默化解了尴尬，我看到有人给我偷偷竖起了大拇指。之后的课程进行得都很顺利。客户第二天派车带我在哈尔滨游览了一天。那时我知道达到了预期的效果。

大家从我的经历中看到了什么？有什么收获呢？

首先我想表达的是接纳。不可抗力因素或环境因素有很多，如飞机飞不了、被安排到恶劣环境、遇到不在状态的学员，现在想想，都是“OK”的。对待已经发生的事情，先接纳。面对各种可能性，如我当时要住在那个招待所，织毛衣的姐姐要赶着给儿子织毛衣（儿子第二天要出国了），等等，人们已经做出了当时最好的选择。

接纳之后问：“重点是我想要什么？我想继续保持不满和抱怨，还是希望把一切变得更好？”想清楚后，我才选择在招待所大堂的沙发上度过了一晚；选择营造一个友好的氛围让织毛衣的大姐参与进来，进入她当时学员的角色，而非妈妈的角色。

以下是我接下来想表达的重点：学员处在当下时总能让学习效果达到最好。我们头上顶着众多社会角色的光环：父亲、母亲、儿子、女儿、同事、朋友、上司、下属、教友、书友、自己等，这些都是事实。不管你走到哪里、在哪些场合，事实上你有很多角色。（可以把自己的角色列出来。）什么是当下？在现在的场景里，你扮演的角色是什么？读者还是孩子他爸？如果你在看书的场景里，你当下的角色只有一个：读者。所以虽然事实上你有很多角色，但真相是当下只能扮演好一个角色。例如，织毛衣的大姐，当时她想在学员的角色里扮演一下妈妈，但实际上当时只能扮演一个角色。作为教练型培训师，我通过一种轻松、流动的处理方式让她意识到她当下是学员角色，把她拉入当下的角色才能使她真正投入和学习，不然都做不好。

大家是不是更明白区分事实与真相了，当你清晰后，就知道什么是当下了。引领学员处在当下时总能让学习效果达到最好。

相信“学员总会积极转变，而且这个转变是不可避免的”

先思考一个问题：“什么情况下你会发生转变？”先从以下几个方面简单地探讨，看你是不是也在这样一个转变的过程里。

不满意

假如用一个不满意的标尺来衡量你的生活、身体、工作、家庭、事业，财富、快乐、幸福、意义感等，一定会发现很多不满意的地方。甚至你在某些方面也经历过很大的痛苦。如果你参加过一些人生导师的课程，则会知道有些导师会放大你的痛苦，把你说得一无是处，当你被当头棒喝的时候，当你觉察到这些不满意的时候，你一定会立誓做出转变。这个转变可能有两个方向，一个是你真觉得自己一无是处，从此消沉；另一个是你重新构建一个希望，然后迈出这一步实现它。

愿景

与不满意相对应的是，问自己一个问题，你在不满意的那些领域，你最想要实现的是什么？假如它真的实现了，你会变得有什么不同？你会为周围的人带来什么积极的影响？你会看到一个什么样的自己？那个时候你的状态是什么样的？这个转变是从愿景出发的，未来导向以终为始，找到自己未来“Being”的状态，然后去保持“Doing”，最后你会收获“Having”。未来成功的一个画面，也叫作“心智电影”。人们永远在经历两个阶段，一个是心智创造的阶段，一个是实际创造的阶段。想要什么，实现它，过程中你一定会做出积极转变。

迈出第一步

迈出第一步，在“Doing”的过程中发生转变。例如，我以前特别不喜欢写作，并且给自己植入了一个限制性的信念：让我讲课、做教练可以，但是别让我写下来，太麻烦了。但从 2018 年 3 月开始，当我真正开始写作时，这个转变也就发生了。之后我开始知道怎么写作、往哪个方向写、怎么写是我的受众比较喜欢的，我的出书计划也就出现了。从不喜欢写作到出书的过程，其实就是实践让我发生转变的过程。

环境

人们周围的环境一直在变，领导在变，孩子在长大，父母在变老，自己在成长，朋友也变得越来越不一样；再到公司层面、经济环境，全世界都经历着不可预期的转变。在这样的环境下，你的沟通方式、能力水平、学习方向，甚至心态，都会因为环境而做出转变。环境是一个大的变量，你可以适应也可以创造环境，以驱动你的转变。

什么都不做

有一件很有意思的事情，你什么都不做也会转变。曾有人跟我分享，如果你一两天不学习，与周围人相比看不出很大差别，如果你 5 年不学习，你会发现与其他人的差距是非常之大的。所以如果你什么都不做，则会变懒，甚至跟不上这个时代的脚步，这就是一种变化。

转变是从哪里开始的呢？如果你想支持年轻人发生积极转变，但是你首先认为年轻人都是自由散漫的，那么在你遇到他们时思维上就会有意识地寻找他们身上的问题，行为上就会加以监督和掌控；如果你的心智发生转变，认为年轻人都是有优势和潜力的，那么你在思维上会有意识地发现他们的优势，在行为上去激发他们的潜能。完全不一样的对待方式，从你的心智模式开始，心智—思维—行为—习惯—结果，一个转变的路径就形成了。学员也是如此。当教练型培训师引导学员意识到自己当下的真正角色，发挥他们的优势和潜能，调动他们从内到外的智慧和资源进行创造，激发他们的内在动机时，这个积极转变会发生，且是不可避免的。

教练型培训师的五大原则的核心是关于相信的，重新朗读一遍五大原则：

教练型培训师相信学员总是有优势和潜力的。

教练型培训师相信学员总是有足够的智慧和资源去创造他们想要的成果。

教练型培训师相信学员的正向动机总是能支持他做出积极的转变。

教练型培训师相信学员处在当下时总能让学习效果达到最好。

教练型培训师相信学员总会积极转变，而且这个转变是不可避免的。

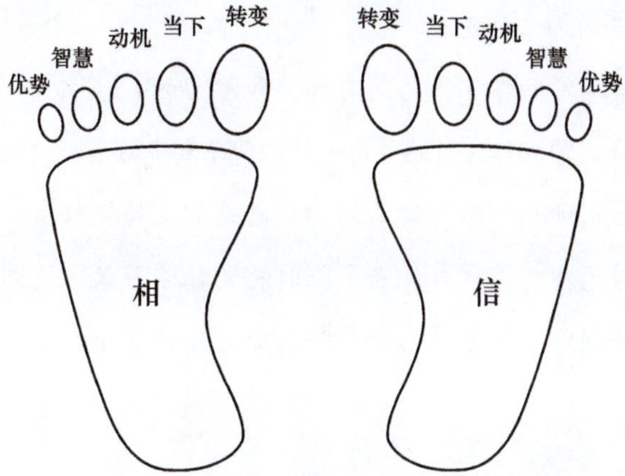

当你有了这份相信时，你已经拥有教练的状态了，为你的状态设计一些有仪式感的动作。例如，站到教室的一个点，双脚扎实地根植于此，将五大原则的根基踩牢，这个状态的影响会延伸到整个教室。当你完成这些有仪式感的动作时，提醒自己已经开始用教练的状态教学了。

小　结

1. 状态在先，技巧在后，培训师和学员都在好的状态下更容易进入潜意识体验。

2. 教练看待学员的方式：每个人都是系统的、完整的、足具智慧和资源的。

3. 教练型培训师的状态：

教练型培训师相信学员总是有优势和潜力的。

教练型培训师相信学员总是有足够的智慧和资源去创造他们想要的成果。

教练型培训师相信学员的正向动机总是能支持他做出积极的转变。

教练型培训师相信学员处在当下时总能让学习效果达到最好。

教练型培训师相信学员总会积极转变，而且这个转变是不可避免的。

自我教练

1. 回顾一个曾经帮助他人的经历，当时自己所呈现的状态是什么样的？

____

____

2. 你最好的状态是什么样的？怎么达到这个状态？

____

____

3．现在，你看待学员的方式是怎么样的？

4．教练型培训师的状态是 10 分，你现在有几分？

5．你会设计什么仪式动作，提醒自己用教练型培训师的状态教学？

第2部分

设计教练式教学法

第 3 章

有效的学习转化之环

知识的结构和传递的节奏比知识本身重要，从学习到转化的过程就是知识宇宙从点点繁星构建星系运转的过程，教练型培训师需要按下这个转化的按钮。

——Nick 教练

你是怎样传递知识的

传递什么样的知识

当今获取知识的途径已经超越了众多限制，不再局限于传统的读书和学堂，互联网的发展让世界变平了，信息随手可得，学习亦然。碎片化的学习已然成了习惯，手机成了学习的重要工具，知识获取变得容易，知识形式变得多样化。碎片化学习怎么才能产生真正价值？互联网催生了知识付费的热潮，也成就了大量的知识搬运工。被作者搬运来的海量碎片化知识，就是手捧划过指尖的沙粒，有多少对你是有价值的？被作者加工过的知识，又会偶尔漏出多少与你的认知体系发生作用变成珍珠？

无论知识被加工与否，你接收的碎片化知识可能有冲突，因为思想会打架。人们喜欢这种碰撞，因为碰撞下将产生独立和多维的思考，可以逐步形成自己认知世界的完整系统。学员本身一定具备独特的思想和系统，可以把这个系统看成产生珍珠的珠贝。碎片化的知识如果只是信息点，则只是被简单地接收或抛弃，而能不能进到珠贝里、什么时候形成珍珠具备偶然性；如果传递的不再只是信息点，而是直奔珠贝的一串信息流或一个新系统，则它会直接刺激珠贝分泌珍珠质，产生珍珠。

所以，作为培训师，你在传递什么样的知识？搬运来的信息点是不是可以与学员认知系统产生碰撞的信息流或新系统？这是培训师的责任所在。

如何传递知识

回想一下：当培训师播放 PPT 时，学员在做什么？记笔记、拍照，甚至有学员直接要 PPT。有了完整的 PPT 不等于“得到”，更别提“做到”了。

思想和系统的碰撞产生更多价值，培训师如何推动这个碰撞发生？信息流和新系统是直接给还是延迟给？培训师准备了“万国博物馆”。如果直接给，会立即调动学员的意识脑，用逻辑思维判断，把学员挡在“万国博物馆”的大门外，无法深入探索。PPT 只是调动学员意识判断的一种形式，尽管 PPT 的设计已经够简单和美观了。其他如培训师的一言一行、课程的现场氛围、学习使用的道具等，也可能让学员产生意识判断这个效果。

教练型培训师提倡的是延迟给的理念。第 1 章已经探讨过潜意识的学习更有效。既然准备了“万国博物馆”，就先让学员与博物馆产生亲密互动，使学员充满期待，愿意主动进去探索。之后用视觉化的体验，让学员充分与博物馆的宝贝产生深度连接，感受到这些宝贝的价值，这时教练型培训师才拿出信息流和新系统，与学员自己的思想和系统碰撞。价值与价值的碰撞，产生更多火花。最后拿走可以实际应用的珍珠，整合成更新的系统，帮助学员在工作和生活中做得更好。

给什么样的知识，以及如何给才能对学员产生价值？教练型培训师创造的是知识的结构和传递的节奏。结构和节奏比知识本身重要，更能启发主动性。下文探讨给的流程是怎么样的，以及如何产生学习到转化的过程。

从学习到转化的过程如何发生

几千年的沉淀，已经让知识体系的信息和数据如繁星挂在高空，这些信息代表什么呢？对知识的探索与对星空的探索一样，从未停止。

人类大脑皮层有 16 万亿个神经元，与信息的星空一样，只是点对点的接收信息相当于“看到发光的星星”，永远产生不了意义。后来人们知道几个星星之间产生了关系，它们会按照某个有规律的轨道运动，人们所在的地球会自转，卫星围绕着地球转，地球也会围绕太阳公转，这样就认识了地心引力、日日夜夜等，再到后来把更多星星联系到一起，还发现了整个太阳系的存在。太阳系的存在让人们相信有更多恒星构成的宇宙系统的存在。人们对星空的认知不再停留在数星星上，而是更全面和系统的探索。

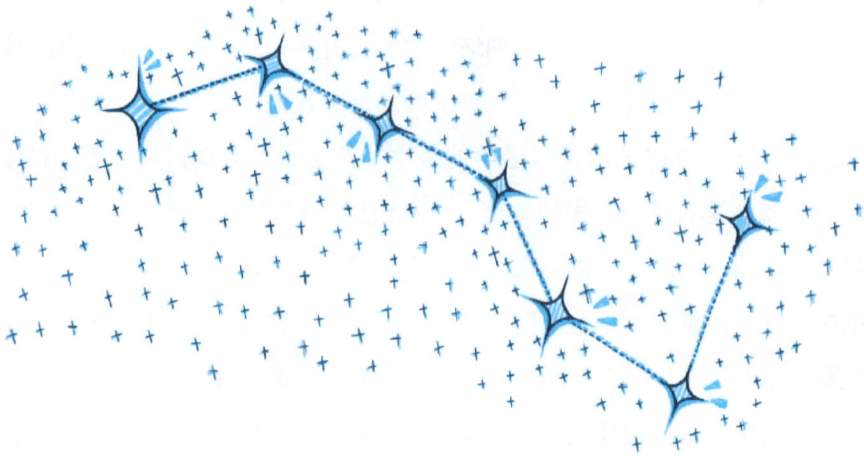

学习的过程也是如此，培训师需要帮助学员的神经元构建新的联系和系统，接下来会用我的另一门版权课程“A+ 教练领导力”来举例说明。信息本身很难提升认知，大脑的结构让人们会先对某个点产生兴趣，教练型培训师需要通过设计体验活动让学员先与这个点产生深度连接。教练领导力与传统管理不一样的一个点是通过提问来激发员工，传统管理会偏向给指令、告知。“A+ 教练领导力”这门课程的学员是管理者，给指令、告知都是提供知识信息点，

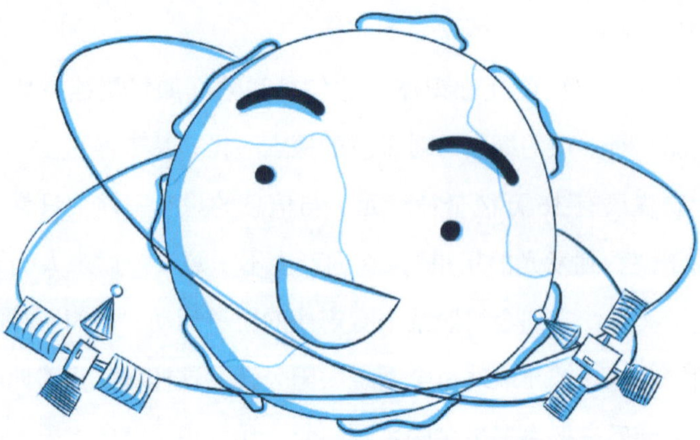

无法很快提升管理者对教练领导力的认知。所以我会设计一个提问的环节，与管理者的工作结合，通过游戏化的练习使管理者认知提问的价值在哪里，此时，连接产生了。

传统的管理是告知，哪怕学员认知到提问有价值，其实还不具备提问的能力。新的流程是最好的打破传统的方式，就像地球公转的轨道，提问也是有规律和结构的。提问的流程会产生更有效的应用，让管理者学会在工作场景使用提问流程。提问的流程不止一个，不同管理场景灵活使用相应的提问流程，会帮助管理工作更有效，这时提问的流程与管理者的关系就更紧密。流程的应用是学习到转化的开始，帮助管理者在认知提升的基础上习得新的行为和能力，培训师需要按下这个转化的按钮。

管理者在培训现场学习和练习了大量的提问流程，需要到实际工作中去实践。刚开始的实践是比较刻意的。我会安排后续的践行计划，从浅入深，一步一步实践，并每周辅导，再周期性地复盘，管理者会逐步整合所学内容和应用场景，变成自己得心应手的工具和方法。这样管理者拥有了一套提问的系统，就像太阳系的运转一样自然，会灵活自如地使用这个系统。此时管理者行为、能力和思维都提升了，并能以成果为导向地应用这个系统，最终实现自己想要的成果。

学习到成果的转化过程也是一个完整系统，如图 3-1 所示。教练型培训师有责任引导这个过程的发生，这也是衡量培训师是否贡献价值的重要标准。

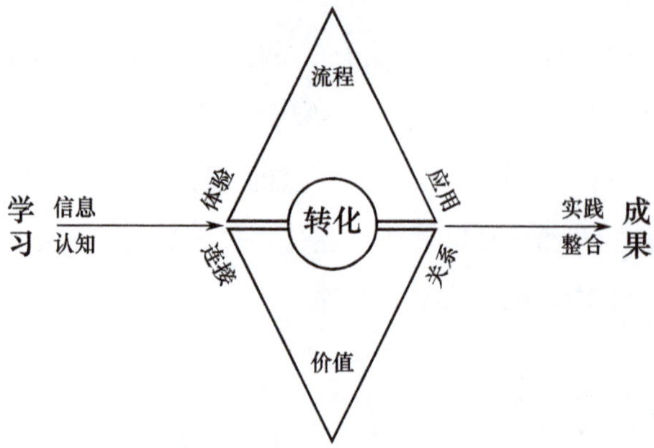

图 3-1 学习到成果的转化过程

教练式教学的学习转化之环的 6 个步骤

教练型培训师最终会传递给学员知识的系统结构体系。学员一开始并不会立即掌握这个系统，培训师无法在训练的开始就训练系统，而是从一个体验开始，逐步展开，让学员一步一步地走进这个系统，发现其中奥妙，最后变成学员自己的。上一小节已经介绍了学习到转化的系统原理，接下来介绍如何设计教练式教学过程。以下先介绍一个流程，这个流程即教练式教学的学习转化之环（见图 3-2），包括以下 6 个步骤。

体验：通过体验式教学活动提升学员认知。

演示：做一次演示，示范工具和方法的使用流程。

练习：形成学习小组，现场实操练习。

反馈：回顾并反馈练习中的体验。

总结：总结学员的收获并创造深入觉察。

应用：与实际工作结合，探讨应用场景。

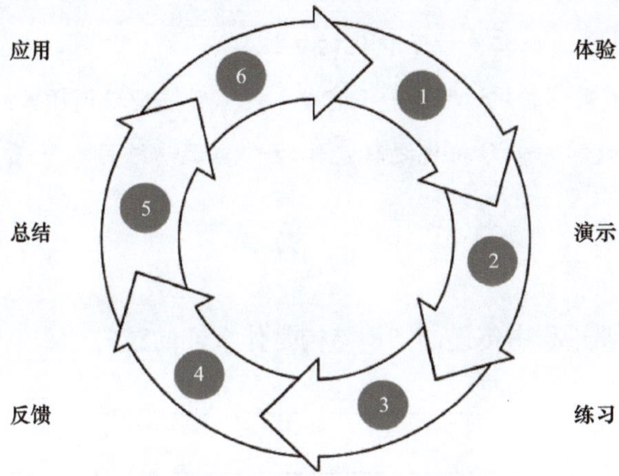

图 3-2　教练式教学的学习转化之环

学习转化之环的 6 个步骤遵循潜意识学习的原理：引导学员从潜意识到意识，从认知到行动，从“得到”到“做到”，从学习到转化。体验是起点和重点，在第 4 章介绍学习体验的设计，在第 5 章介绍后几个转化步骤的设计，最后融入教学系统里。

小 结

1. 教练型培训师创造的是知识的结构和传递的节奏。

2. 知识的传递是从信息点开始，到信息流和系统的过程。

3. 流程的应用是学习到转化的开始，在认知提升的基础上习得新的行为和能力，教练型培训师需要按下转化的按钮。

4. 学习到成果的转化过程是一个完整系统，教练型培训师掌控转化的节奏。

5. 教练式教学的学习转化之环：体验—演示—练习—反馈—总结—应用。

自我教练

1. 你在培训过程中传递的知识结构是什么样的？

____

____

2. 你在培训过程中传递知识的节奏是什么样的？

____

____

3. 你如何理解学习到转化的过程？

____

____

4. 请重新梳理自己一门课程的知识结构：

____

____

5. 请重新梳理自己一门课程的知识传递节奏：

____

____

第4章 创造体验是提升学员认知的一大法宝

让学员享受学习的过程，与学员共同制作和演绎一部优秀电影，故事情节引人入胜，又能从中拿到一个意图。

——Nick 教练

让培训引人入胜的体验之旅

大象想选一款 HiFi 耳机，大家有什么建议？

“是谁……在敲打我窗……”一首蔡琴经典的《被遗忘的时光》被用来作为发烧友测试专用曲目，电影《无间道》陈永仁卖音响器材的那句“高音甜、中音准、低音沉，总之一句话，就是通透！”好像成了入门发烧友选器材的选择标准，这句话一直把我对 HiFi 的好奇悬在空中，感觉很玄妙，特别期待自己能有如此高级的欣赏能力，从木耳朵变成金耳朵。

2018 年春节假期前决定入手一款无损音乐播放器和一款耳机，提高一下自己欣赏音乐的能力，所以本章一开始问了大家这样的问题，基于大家目前的认知，你会给我什么样的建议？

每个人的侧重点不同，效果、品牌、售后服务、他人评价，甚至外观都可能是选择的依据。网络让世界变平了，也让世界变大了，虽然很容易搜索到很多专业知识和测评推荐，感觉却是茫茫大海无从下手：无损格式、DSD、播放器、解码器、耳放、耳机、耳塞、声卡、阻抗、直推、平衡输出、线材、动圈、动铁、失真、三频、高解析……仅是入门知识就了解不完，但所有的这些对我来说就只是信息和数据。更不用说看若干条类似的评测文章了，看这样的文章就像品酒一样，会品出一种初恋的感觉，很玄妙。作为入门者我似懂非懂，而音乐发烧友变成了玄学学习者。连续阅读大量信息和若干评测文章后，感觉到处都是陷阱，除了补充了很多知识点和缩小选择范围，对到底入手哪一款和提升自己的欣赏能力没有太大作用。

决定到线下店铺去真正体验 HiFi 乐感。整整几个晚上都在 HiFi 店里，店里的音频器材琳琅满目。通过与店员交流，发现原来还有洋品牌控、索尼大法控、最贵就是最好控、外观设计控等。根据店员的建议试听不同播放器和耳塞：在安静的环境下，用自己熟悉的音乐先在一个器材上试听一段时间，直到完全熟悉、沉浸到这个器材带来的音乐感觉之后，再切换到需要对比的器材上，这样两个器材之间的差别就容易凸显出来。这个原理其实与视觉识别一样：外人看双胞胎完全无法分辨，而熟悉的人一眼就能看出区别。

手机直推耳塞和高解析播放器平衡输出的对比震撼了我的耳朵，确实差异较大。前者人声和乐器基本混在一起，后者有明显的分离感，吉他在左右声道，鼓声在中后方最远的地方“动次打次”，人声在中间很近，感觉就在你身边为你专场献唱。按照自己喜欢的感觉，重点对比了拜亚动力的榭兰图和舒尔 SE846，榭兰图不管从外观设计、佩戴舒适度，还是音乐性来看，高中低三频的解析力和平衡感都更胜一筹。我居然也听出了差别，甚是高兴，差点冲动入手。

对比不同感觉后，慢慢找到了个中差异和声场的感觉，要入手哪个还要根据自己对音乐的喜好来平衡。自己喜欢听中低音流行男声，人声在中频，中频是人耳最敏感的频段，所以鉴别中频和人声表现是我的需求。好的人声应该是亲切自然、细节丰富、饱含情感的，人声与乐器有距离感，经过深度体验，终于明白了陈永仁那句玄妙的话，考虑自己对高频和低频的要求没那么高，最后入手了一款 2K 级别的国砖，沿用了一款自己已有的 2K 级别的耳塞，搞定。刚发烧就退烧了。

几天的折腾过程，形成了我对 HiFi 音乐的认知体系，对音乐的感知、对器材的辨别、看待音乐与自己的关系、选择的依据等都与以前不一样了，整体认知的提升形成了自己欣赏音乐和选择 HiFi 器材的模式，这就是认知提升的过程。

作为培训师，我们也在帮助学员提升认知，系统地提升。当认知提升以后学员付出了行动，而且形成新的有效工作模式并带来积极的成果，这个叫转化。

相信培训师们和我一样经历过这样的阶段：两天课程会准备 200 页 PPT，作用是显得专业，同时也会提升培训师自己的信心。我们准备的这些资料就像我脑补的 HiFi 知识一样多，其实学员获取这样的信息根本不需要培训师，有网络和书就够了。我们心里想的是以学员为中心，嘴上却收不住，还是以培训师的“讲”为主，讲完甚至读完 PPT，学员能收获多少？学员就像在大量碎片化学习中偶尔捡到宝一样，培训师只是传递信息的意义在哪里？你是传递信息的培训师还是带来转化的培训师？

传统的培训已经大大降低了学员对培训的期望值，这不是一个健康发展的趋势，市场越来越需要有转化力的培训。当我对 HiFi 的认知提升后，我自己就会付诸行动做出选择，而在我认知提升的过程中，特别重要的是体验，也就是全身心投入试听的部分，在实践中体验会加速认知的提升。

作为教练型培训师，如何设计教学的体验活动，帮助学员提升认知呢？

感知

感知是处理信息和知识最直接的方式。你喜欢吃榴梿吗？你可能听到 100 个人跟你描述 100 种榴梿的味道，当你真正看到、闻到、吃到时，你对榴梿的认知提升了，你会决定喜不喜欢，以后还吃不吃。教练型培训师调动学员的视听感，大脑皮层神经元的连接就像数码相机感光元件的像素组成，导致人们天生就喜欢颜色、图形、画面等。视觉表达元素胜过枯燥的文字，人们会在有感染力的声场中产生共鸣，并在积极的氛围中找到与自己的内在联系。通过视听感让学员全方位认知新知与自己的连接。

参与

培训师经常听到学员这样反馈：“我们的期望不高，只要能在培训中有一两点收获就不错了！”这是蛮可惜的，无异于大海捞针。培训师准备这么充分，只有学员参与进来才能发现更多的价值，更有利于学员找到适合他的部分。所以培训师设计的体验活动尽量让所有学员参与，且有节奏地逐步深入地参与，而培训师的作用就是推动从参与到创造的过程。

互动

森林之所以形成，与每棵树有关。每棵树独立成长且与其他树的树根紧抱在一起，互相滋养，形成巨大的张力和生命力。每个学员就是每棵树，都是独立系统的个体、都有自己的认知体系，而培训班就是一片森林，多个思想的碰撞、多个维度的体验、不同角度的反馈，系统认知的同步提升比依赖单个培训师要强大得多，互相的交流和学习会让整体的收获更高。

解决

越资深的学员经历越丰富，关键的经历形成最佳实践，如登上过珠穆朗玛峰的人一定有登珠穆朗玛峰的最佳流程和方法，在这个里程碑事件上形成自己的登山认知体系，也很有成就感，对攀登其他山峰一定更有见解。所以培训师需要给到学员解决问题过程的体验，设计新的关卡和任务，以使学员知道通过新知怎么解决新的问题。你一辈子不能只登山，还要横渡大西洋，登山的经验已经帮不到横渡了，那就一起再来通过体验形成横渡的认知体系。

思考

认识一个业务总监，他的口头禅是“Review”，在很多会议场合他都会说“一定要学会 Review，每天、每周、每个月都要回顾和总结，你才能知道怎么把业务做得更好！”不断总结和思考会让人们积极探索和再次创造，学员是富有想象力的，通过不断推演和实践，举一反三触类旁通，形成新的模式。当培训师引导学员思考时，培训的转化就开始变得简单。

意义

“为什么我要培养新知？为什么要学这个内容？这对我有什么价值？对我的工作有什么帮助？”当这些疑问没有解决时，学员不会投入到学习中。人们喜欢给任何事物赋予意义感，这是人们的内在驱动力，它会驱动人们的行动方向，教练恰恰是这方面的专家。教练型培训师需要搭建一个关系的桥梁，让学员找到认知提升与自己的关系，并赋予意义，这会让后续行动自动自发。

创造体验是提升学员认知的一大法宝。引人入胜的体验之旅遵循感知、参与、互动、解决、思考、意义、原则，以下会从：故事、隐喻、视觉、案例、游戏、解决、声场、动力和提问等环节探讨，以教练的视觉和方法教会大家创造教练式教学的体验环节，为学习转化的过程铺好路。

用故事心电图连接学员感知

故事的意义和作用不言而喻，不论什么类型的培训师都需要会讲故事。为什么教练型培训师还要教大家讲故事呢？从教练视角看待故事有什么不同？这里不得不先讲一个与教练有关的大人物的故事。

1919 年，在美国一个农场，凶猛的脊髓灰质炎（俗称小儿麻痹症）找上了一个 17 岁少年，令他全身陷入瘫痪，除说话和眼动外不能做任何事情。

男孩的妈妈请来了 3 个医生，他们都对她说："没有指望了，你的儿子活不到明天了。"

他们这样对妈妈说，太残忍了，这个男孩对自己说，他一定不能让医生们的断言实现。

于是，第二天医生们到来时，他不仅活着，而且精神更好了。他们对此感到惊讶，但他们接着又对男孩的妈妈做了一个残忍的断言："你的儿子就算能活下来，也永远站不起来了，他会终身瘫痪。"

同样，这个男孩下定决心不让医生们的这个可怕断言实现，他又成功了。过了数年后，他不仅站了起来，还在一个夏天，靠一艘独木舟、简单的粮食和露营设备，以及一点点钱，畅游了一次密西西比河。

男孩如何战胜疾病站起来的呢？

虽然深受疾病的痛击，但他相信自己能再次站起来。虽然意识层面的他并不知道怎么样才能康复，但他深深相信潜意识的力量，全然放松，向着潜意识深处说："我有一个想站起来的目标，请你指引我该怎么办。"潜意识果真给了他答案，在全然放松状态下，他的心中映现出一幅画面：他儿时摘苹果的一个画面，如图 4-1 所示。

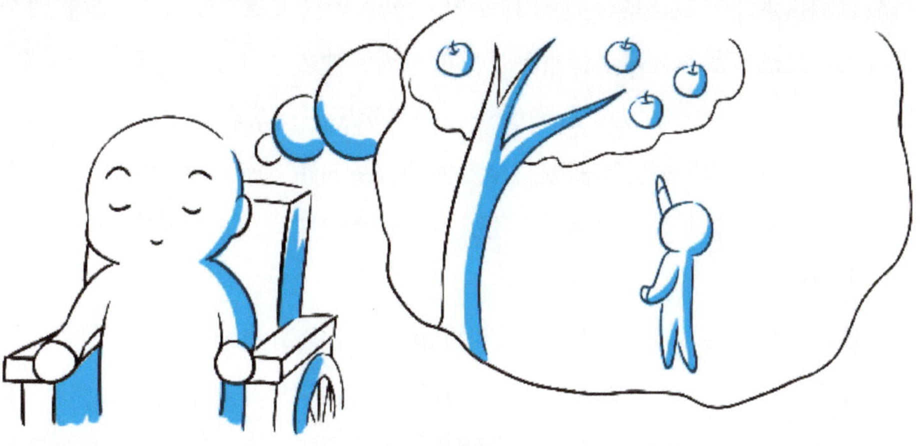

图 4-1　儿时摘苹果的画面

这个画面是真实的画面，他儿时的确曾这样摘苹果，当时他非常快乐、非常享受。这一画面无比生动，细致入微，他的手缓缓地伸向苹果树上的苹果，似乎被分解成了一系列细小的动作，而他只是在全然放松又非常专注的情形下去体验每一个细小的动作中手和身体的移动。

这个摘苹果的画面不断地影响他，而他则不断去体验每一个细小动作中手和身体移动的感受。几星期后，这一画面中牵扯的肌肉恢复了轻度的行动能力，它们可以做这一画面中的动作了。

接下来，他不断重复这些动作，每当想达到一个什么样的康复目标时，他都将自己交给潜意识，请潜意识帮自己一个忙，而潜意识也总是不断映现出各种各样的答案。它们可能是类似摘苹果这样的一个画面，也可能是一个意象，或者是其他，但都能指引他达到康复的目的，而在这一过程中，他只需要积极地听从潜意识的指引。

这个男孩的名字叫米尔顿•埃里克森，他后来成为催眠治疗大师，可以说是这一神秘领域的无可争议的 No.1。米尔顿一生坎坷，色盲、阅读障碍、音盲、半边身体瘫痪等，他从不直接与痛苦对抗，而是绕过这个问题，为自己埋下一个积极的意愿，相信自己有资源的部分，通过类似“摘苹果”的心智故事与潜意识沟通，开发潜能，直到 1980 年过世。他的太太总结说：“他活到 78 岁，比他自己预期的久得多，直到过世前一周，他还是过着积极乐观的生活。”他的思想和催眠治疗方法对后来的神经语言程序心理学和教练产生了积极影响：当客户遇到问题时，不需要直接专注和分析问题，而是探寻背后想要的是什么，以积极的意愿调整聚焦点，用故事与潜意识连接，开发潜能，培养新的认知和习惯。

这也是教练型培训师要帮助学员做到的，需要更好地使用故事。

故事是载体，是调整积极意愿并与潜意识连接的最佳载体。通过这个载体，教练型培训师帮助学员构建一个转化问题到积极意愿、以成果导向地开发优势和潜能的新通道。

故事是意图。每个故事，想要表达的是什么？希望学员收获什么？故事的情节和真相与想要表达的意图有什么对应？每个故事背后都有一个意图的精神内核，这个意图代表一种期望或某种价值。

故事是连接。故事里的人物事件与学员有强烈的连接。营造什么样的语境和画面，才能有代入感和参与感？才能把意图与学员的潜意识联系起来，让学员在身临其境中感受和拿到这个意图？

故事是电影。发现故事、整理故事、写故事、表达故事，就像制作电影的过程，在表达的过程让学员充分参与进来。电影的节奏和走向牵动人心，这个心智电影比直接表达你的观点和意图更加有效。

故事是创造。故事表达的过程包含人物创造的过程，突破困境找到希望，如何一步一步实现目标等。故事可以使学员有新的启发，相信自己的创造力，创造自己实现目标的路径。

如何才能讲好一个故事？《纽约时报》的一位叙事记者认为：故事是人类共同拥有的连接体，而在每件事的心脏处，都是一个独属人类的元素，一个能通向世界上最美的 3 个字的元素。那就是："然后呢？"如果你回答了这个问题，那你就是一个讲故事的人。

你的故事想要表达的是什么？问这 3 个字"然后呢？"让我们开始吧……

你有没有住过 6 元的宾馆？

记得还在中学时期，为了多挣点零花钱，与一个同学萌生了做点小生意的念头。我们开始留意大家喜欢什么？我们能卖点什么？观察下来，高年级的姐姐们喜欢穿牛仔马甲，我们就考虑是不是可以去哪里批发，后来打探到 200 多千米开外的 L 城市是全国第五大批发市场，于是，我们凑了几百元零花钱就出发了。

躺在卧铺大巴上，心里得意地盘算生意红火、马甲被抢光的景象，虽然在乡间公路上跌跌荡荡，但是全然没有第一次出远门的担忧。一路上，由于暴雨侵袭，本来就不平坦的乡间公路被雨水淋成泥泞的坑地。预计 6 小时的车程，在恶劣的路况下缓行了 12 小时才到，整整一天时间，身体随大巴起起伏伏。雨水的拍打声是我生意红火景象的配乐，如此和谐一致，虽然第一次体会到堵车，但又觉得很舒服。

这种和谐也让我后半程进入了梦乡，迷迷糊糊被叫醒已是午夜，到了。目的地 L 城市正值宵禁时期，其他乘客早早回家，我们孤独地在异乡街道游荡，害怕被盘问身份，没做坏事也变得心虚。街灯偶有闪烁，很多地方伸手不见五指，又冷又怕，好不容易顺着微弱的灯光找到一家招待所，只要 6 元，还是两张床铺。进到房间傻眼了，四人间，同一房间还住着另两名大汉，震耳的鼾声好像在恐吓我们，我俩捂着自己准备批发衣服的重金不敢合眼，还好在裤子的内衬缝了暗兜，最后还是敌不过困意，累得沉睡过去。

安全度过一晚，去大批发市场奔着马甲而去，过程还比较顺利，满载而归地回到家乡县城。就在我们开始做发财梦的时候，发现现实是残忍的，我们兜售了一周也没卖出一件。绞尽脑汁、厚起脸皮，得罪了不少同学，没人愿意掏钱买，从最初的兴奋跌倒了谷底。

怎么才能把这些衣服卖出去？我们最终还是做到了。

就在失望的时候，发现县城有很多服装店，他们要进货，我们像发现新大陆似的，去和店铺老板谈，这些经常跑南方批发市场的老板也都是老江湖了，根本不搭理我们两个小屁孩，没任何买家。他们的反馈是不知道穿上好不好看，根本不流行。这反而提醒了我们，要让他们看到流行趋势。经过周密策划，找几个漂亮同学，穿我们批发的衣服在服装街上晃来晃去，再找个身材好的当模特，一起与店家谈：看看这衣服穿着多漂亮。遭到无数白眼，费了好大劲，终于有店主愿意尝试。幸亏我们批发衣服的巨款也就几百元，资金有限，衣服量也少，一个月后基本清空。最后一算账，买衣服的钱、路费加上请模特同学吃饭的钱，还小亏了 10 元。

生意不算成功，却是我一生难忘的经历，到现在还是藏在我心底的一个小秘密。父母并不知情，今天写出来也就曝光了。这个经历是我上学期间做的一件“One More Thing！”作为在农村长大的我，在课余时间还独立做了一件看似不可能完成、自认为小有成就的事，现在回想起来，不由得为当时的自己竖起大拇指。

每个人都有自己的想法，也都有自己想要完成的小梦想，哪怕当时的条件还不满足。在当时看来不可能完成，假如我们真的有勇气迈出这一步，去实现它，你会找到办法突破。在这个过程里你的收获比你预想得还多，同时我们每个人的经历都是一次珍贵的冒险，当我们去拥抱这个冒险时，30 年后再回首，相信会在你经历的路上看到“丰盛”二字。

这个故事是我的真实经历，不知道你从故事里收获了什么。在培训中，这个故事会用 5 ～ 8 分钟讲完。怎么才能讲好一个故事呢？首先是真实，我倡导的原则是真实的故事更能打动人，更能深入潜意识。真实意味着你知道整个真相和过程。如果有些故事是真实的，但你不知道完整过程，可以作为案例。基于这几年的讲故事经历和大家的认可，我开发了一个讲故事的框架——故事心电图，如图 4-2 所示。

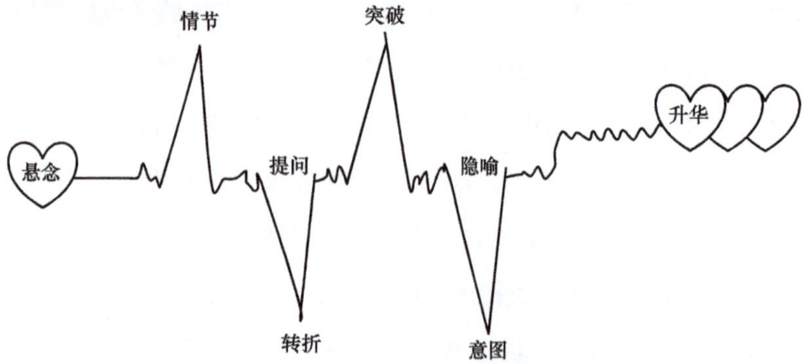

图 4-2　故事心电图

悬念：故事的开始先设置一个悬念，是吸引受众愿意听下去的理由。“从前有座山，山上有座庙”的平铺直叙已经难以吸引焦点了，先来尝试设置一个悬念，如“你有没有过这样的经历？”“我遇到过最有挑战的学员……”“我听说一名培训师曾经被学员当场轰下去”“我们有位学员曾经带 80 人的团队创造了 10 亿元的销售业绩”。悬念可以是一个结果，或者一个巧妙的提问，暗示接下来有更精彩的未知故事情节出现，为一个情节发展指引方向。受众期望知道一个结果是如何发生的，没耐心听讲半天还不知道往哪发展的故事。

情节：丰富的情节可以把受众吸引进来，把他们代入场景里探索。在设定情节时除了我们经常提到的 5W1H（Why，What，Where，When，Who，How；为什么，干什么，在哪里，什么时间，谁，怎样做），还有 3 个需注意的重点：叙事方式、关系、情绪。以下重点介绍这 3 个重点。

叙事方式。叙事方式包括厘清发生了什么事情，故事情节的主线是什么，故事的情节怎么编排；确定除了开始设置悬念，中间是使用顺叙、倒叙、插叙，还是使用现在流行的环形结构；确定从第一、二、三人称的哪个人称展开；确定叙事的过程中有哪些重要细节是需要让受众看到的。培训中的故事时长一般为 5 ～ 8 分钟，在精华部分设计一两个不同的叙事方式，会使故事画面有代入感。

关系。故事中的人物与周围的关系是如何互动的，如与其他人物、与环境、与自己等。关系是动态的，可以使受众产生更多联想。在动态关系的变化中可以慢慢调动受众的情感投入。

情绪。变化的动态互动关系会让故事人物产生情绪。可以思考内心有什么活动、情绪有什么起伏等心理活动对故事情节的推动是怎么样的。

画面、互动关系再加上情绪起伏，会使受众与故事人物产生情感连接，可以调动受众的全身心代入感。

转折：故事牵动人心就是因为有转折。没有人像超人一样，从出生起就注定天下无敌，一路顺风顺水。完美得没有任何缺陷就产生不了共鸣。面临挑战和转折本身就是大自然的规律，故事人物遇到什么样的困难，会进一步牵动受众继续听下去的期望。在培训过程中，你讲的故事一定是与学员相关的，故事中的困难可能是很多学员都遇到过的，他们更期待知道是怎么解决的。你就像在讲每个人的故事一样，会使受众产生强烈共鸣。

突破：问题的解决实际上是转换了学员的焦点。人人都会遇到问题，当突破的时候再回头看问题，天上飘来 5 个字："这都不是事。"重点是如何解决它，我们想实现的是什么？所以我们所讲的故事一定要突破重重困难，贯穿打怪升级的过程，就像熊猫阿宝，虽然是被选中的功夫大师，但是贪玩爱吃是无法打败雪豹的，需要 5 位功夫大师的训练和龟大仙的指引，一步一步让自己变强，最终战胜强敌。如果人物没有战胜挑战，故事本身也失去了意义。黑色阴暗的故事也能调动受众的负面情绪和同情心，但不是教练型培训师提倡的。教练型培训师提倡的是突破挑战的过程，让人产生正向思维并产生突破的创造力。

意图：这是故事传递的中心思想。用记忆中小学语文老师的话来说，这个故事的中心思想是什么？画出来。故事人物在突破挑战的过程中是因为什么而做到的：突破了自己的性格缺陷？找到了新的方法？学会了很强的技能？发挥了坚持不懈的精神？重新树立了明确的目标？重新与他人及社会建立了关系？等等这些问题解决背后的东西，是我们希望传递给听众的意图。意图可以是一个期望，也可以是传递的某种价值观，是真理或某种哲学思想，当然这个意图一定是正向的：熊猫阿宝学会“内心平静”的时候，才成为真正的功夫大师。

升华：放大某个意图到更高价值。仅仅传达一个故事人物的意图无法产生大的价值，如果跟每个受众、社会和时空联系起来，站在宏观全局的视角看待这个意图，放到更高的价值层次上，故事就产生了真正有意义的共鸣。在故事的结尾处，用“当我们每个人都……”“当我们以后……”引导词开始，像一个充满智慧的长者与每位受众总结一个普世价值一样，这个故事就被升华了。

上面是用故事心电图讲故事的主线，如果过程中加入提问和隐喻，会让你的故事锦上添花。在互联网和高科技的推动下，人们的专注力和持续性在下降，在讲故事的过程中，适当地使用提问，可以把学员拉回正轨。可以自问自答，也可以设置一个新的悬念获取关注。隐喻则是更能调动潜意识的另一个视觉角度和思维空间，会让你的故事变高级，让你成为真正的教练式讲故事的高手。

假如用故事心电图复盘我上面的故事，“你有没有住过 6 元的宾馆？”“怎么才能把这些衣服卖出去？”是在设置悬念，并在过程中用了提问再次设置悬念。情节的部分，主线是：一个农村孩子本应该在家好好学习，却做起了小生意，跑到其他城市采购，回来后生意遇到挑战，不过克服困难最终完成了。结构上用了两个悬念设置倒叙。用道路、雨水、街灯和招待所的细节营造画面感，带动关系和情绪。得意地出发、顺畅的回程和销售的困难形成转折反差。策划其他同学的帮忙来突破挑战。意图是传达勇气、冒险。最后，做了一个“当每个人都……”的总结升华。

讲故事是一个技术活，也是一个要用心的活。用心留意自己和身边发生的事情，你的眼睛一眨，大脑皮层就是 16 万亿像素的超级单反相机，把真实故事记录在潜意识里。之后向电影学习讲故事的技巧，跟大导演们学习如何调动人心，像拍电影一样去讲故事。在培训的过程中，眼睛一闭，大脑已经向你的潜意识要画面了，故事就会很精彩地呈现出来。与学员的潜意识连接，激发新意图和创造力，与学员一起谱写新的故事，这是我的追求之一。未来的计划是成为一名导演，从讲故事开始，先写一本小说。而我的新意图是我会创造更多属于我们的故事。

创造场景隐喻®，扩大学员认知空间

一幅画胜过千言万语，一个场景隐喻®胜过千万幅画。

场景隐喻®？是什么？打字时连输入法都联想不起来的词语，既熟悉又陌生吗？是什么意思呢？“一个场景隐喻®胜过千万幅画”这句话是大象教练自己说的，你不同意？没关系，要理解和学会使用场景隐喻®，重要的秘诀就是体验，真诚和开放地邀请你体验以下的内容。

与大象有关的 3 个隐喻

谁说大象不能跳舞

国际商业机器公司（International Business Machines Corporation，IBM）曾经被视为美国科技实力的象征和国家竞争力的堡垒。1993 年，这家超大型企业因为机构臃肿和孤立封闭的企业文化已经变得步履蹒跚，亏损高达 160 亿美元，正面临着被拆分的危险，媒体将其描述为“一只脚已经迈进了坟墓”。

郭士纳接手了 IBM，在其掌舵的 9 年间，这家公司持续赢利，股价上涨了 10 倍，成为全球最赚钱的公司之一。有人评价，郭士纳的两个最突出的贡献就是：一是保持了 IBM 这家企业巨象的完整；二是让 IBM 成功地从生产硬件转为提供服务，成为世界上最大的一个不制造计算机的计算机公司。

郭士纳是技术的外行，但是他通过一系列战略性的调整让一家在国际经济舞台上举足轻重的 IT 企业重振雄风。2003 年，第一次有幸读到郭士纳的自传《谁说大象不能跳舞？》，这本书对传统企业如何转变为与世界经济接轨的、务实而灵活的现代企业做了精彩的诠释。对这次转型，郭士纳用了一个隐喻说明："公司大，很重要。因为规模就是杠杆。深度和广度可以容纳更大的投资、更大的风险，以及更长久的对未来的投入。这不是大象是否能够战胜蚂蚁的问题，这是一只大象是否能够跳舞的问题。如果大象能够跳舞，那么蚂蚁就必须离开舞台。"

大象与跳蚤的关系

在最新的世界500强名单中，会看到很多中国的企业上榜，阿里、腾讯的市值已经达到5 000亿美元，像苹果、亚马逊这样的公司在向万亿美元冲刺，信息时代造就了庞大的组织。大公司越来越扩大其影响力，业务范围开始全球化，作为个人，是时候做出选择：一直要被大企业绑架，为其打工；或者闯出自己的一片天。

另一位管理大师查尔斯•汉迪，著有《大象与跳蚤》，他将庞大的组织比作"大象"，而自由独立的自由职业者则是灵活的"跳蚤"（或者小企业）。前者必须向后者学习创新和生存，21世纪将是"跳蚤"的天下。那么，如何成为一只快乐而充实的跳蚤？如何与"大象"共存？找到工作与生活的意义？

庞大的组织是一头大象、一个平台，会提供成长和发展的平台、工作的

安全感和稳定性，也是得到商业世界里专业化训练的舞台，在这样的大公司中工作会为自己的履历增加光彩的一笔。但同时，你需要暂时放弃诗和远方，不能任凭自己的自由意志发挥，制度和游戏规则会限制你的自由，没有人是不可替代的。

人们想要做一只灵活自由的跳蚤，越来越多的“斜杠青年”横空出世，这个时代也在放大超级个体的贡献价值，涌现出众多独角兽的小企业。真的成为这样的跳蚤，要学会自我定位、学会营销自己、安排好自己的学习发展、更有效地组合工作和生活。这本身也不是一件易事，在这个跳蚤的崭新世界里，创业维艰，人们会发现凭借一己之力很难壮大，还是会成立一个小组织，与大象合作共存。

大象教练的隐喻

关注大象白话公众号的伙伴，对大象教练应该有一定了解。大象正在做一个小企业，一家教练机构，人不多，几个专业教练合伙的咨询类公司，小而美。

大象教练的称呼是怎么来的？不知你是否看过蓝天工作室《冰川时代》的系列动画电影？这个系列动画电影的每一集都是小松鼠喧宾夺主地率先出场，在追逐一颗松子的过程中引发冰山崩塌。3 个英雄曼尼（猛犸象）、迭戈（剑齿虎）和希德（树懒）察觉出了危机：水位正慢慢上升，照这个速度下去，动物们的家园很快将被淹没。于是，动物们在曼尼、迭戈和希德的带领下，又开始了寻找新家园的旅途。路上，除了欢笑连连，还有苦难多多。性格迥异的动物们最终克服困难，找到一个全新的天地，继续普世欢腾。

我就是这头大象，用教练的方式启发更多小伙伴成长，而在成长的过程中也会有所收获和成就，最后与大家一起举杯庆祝成长、成就后的喜悦，这也是我们教练机构名字——“悦启仕”的由来。

郭士纳用“大象能够跳舞”隐喻大企业的成功转型；查尔斯•汉迪用“大

象与跳蚤”隐喻大企业和个人，并阐述未来的关系；我用“大象教练”隐喻带领大家走上获得成长、成就、喜悦的征途。相同的喻体“大象”可以有多样的隐喻表达，这也是语言奇妙的部分，你现在了解什么是隐喻了吗？实际上，我们平常已经在用隐喻表达概念或观点了，只是没有特意地提炼和总结。

什么是场景隐喻®

隐喻作为一种修辞手法，不是直接明喻，不用“像……”表达，而是进行隐藏的、比较的一种修辞手段。隐喻属于暗喻，表达方法：A是B。例如“大企业就像一头大象”属于明喻，“大企业就是一头大象”是隐喻，隐喻更有代入感。在大象的暗示下，感受企业的形态和企业转型的挑战；“让大象跳舞”，这个想象很有画面感，巧妙地使用隐喻，表达上比明喻更加生动、灵活、形象。

隐喻作为思维的第三通道，更容易帮助人们理解抽象的概念。什么是“灵活”，每个人都有对这个概念的理解和阐述。李小龙说：“中国哲学还有一点会影响人类所共有的问题。人们会说，橡树是强大的，但是它不会随风摆动，遇到强风就会被摧毁；竹子随风飞舞，能屈能伸，所以能存活下来。人们把这个想法推进一步，可以说，灵活一些，人在生时是柔软灵活的，死后就变成硬邦邦的尸体。灵活就是生命，坚硬就是死亡。”用一个具象的事物和其特征来看待抽象的概念，马上就能触类旁通。

隐喻为文化的一部分，在日常沟通交流中人们已经习惯在用隐喻表达了。例如“心里一块石头落地了”“事业蒸蒸日上”“这个场面一看就很高大上”等。“向上”隐喻比较好的势头，“向下”隐喻走下坡了或不好的势头。再形象一点，人们经常用“河”隐喻母亲，是指孕育生命；“山”隐喻父亲，是指扛起重担，这在中国文化里已经形成固定的表达形态了。总结来说，隐喻是在彼类事物的暗示之下感知、体验、想象、理解、谈论此类事物的心理行为、语言行为和文化行为。

什么是场景隐喻®呢？如果隐喻已经成为固定的语言表达模式，如“蒸蒸日上”“母亲的河”“祖国的花朵”等，当这些隐喻表达习以为常，无法再次带给人们新鲜的视角和深入的思考时，已经成为“死隐喻”。如果要让隐喻变活，构建人们认知的新空间，则“场景隐喻®”是我提倡培训师们需要掌握和发展的。隐喻是提升认知和建构知识体系的重要手段，而场景隐喻®更容易让人们进来体验。所谓场景隐喻®，是人们通过观察、思考和发现事物之间的联系和相似点，并将之生动和新颖地描述出来。把隐喻融入一个场景中，这个场景可以是故事性的，也可以是一个应用的画面。隐喻必须是动态的，并且要使学员进入有形、互动、具体、新颖的场景里去，通过体验拿走你嵌入的核心隐喻。

关于灵活，1971 年，李小龙在一次采访中再次阐述道：“水是无形的，你抓不住它，无法用拳头击伤它，所以像水一样柔软灵活吧。清空你的思想，无形无式，像水一般。将水倒入杯中，它变成杯的形状；将水倒入瓶中，它变成瓶的形状；将水倒入壶中，它变成壶的形状；水可静静流淌，亦可猛烈冲击，像水一样吧，我的朋友！”灵活是李小龙的功夫和人生哲学，这种表达更有场景感，动态的描述和具象的画更容易把听众带入进来体验和思考，这样的隐喻是场景隐喻®，不再是简单地打个比方。

将场景隐喻®应用到教学中

作为培训师，首先问自己一个问题：“我传递的理论框架或方法论能不能用一个场景隐喻®来表达？”如果不能用隐喻表达你的观点，说明你对自己知识体系的认知还不深刻，更别提要传递出去了，你只是将半桶水泼给学员，让学员打了个冷战而已。

作为教练型培训师，一定要善于使用隐喻或场景隐喻®表达。场景隐喻®可以激发学员潜意识的深度体验，在体验中提升学员认知结构、突破思维定式、训练系统思维等，接下来用几个例子来探索在教学中如何发挥场景隐喻®的作用。

首先，提升认知，重点在“升”

华为创始人任正非在一次内部谈话中强调年轻人挣了钱要投入，要学习充电，不断提升技能，还要积累成功实践经验，才会有上升机会。任正非说：“如果只有实践没有理论总结，永远就是个工人师傅。一根绳子抓不到鱼，打成一个一个的结就成网了。总结就是打结，多打结就结成一张网了。”用绳子和网的场景隐喻®，提升年轻人认知的维度。

我在现场教学中也会这样使用，如在帮助管理者提升角色认知的课程中。德鲁克的《卓有成效的管理者》中有一个小案例，问3个在砌砖的泥瓦匠在做什么，得到3个不同的回答：“我在砌砖”“我在造房子”“我在养家糊口”。哪个是管理者？专业人士侧重于自己手头的工作本身，而管理者是调动资源完成目标。除了在现场问大家这几个问题，我还会让大家用场景隐喻®表达专业人士与管理者的区别，然后用形象化的隐喻探索管理者的角色和作用，并设计成游戏化教学活动来帮助学员自己觉察和创造。

其次，换框思考，突破固有思维定式

例如，大家都知道木桶定律：多块木板构成的水桶，其价值在于其盛水量的多少，但决定水桶盛水量多少的关键因素不是其最长的板块，而是其最短的板块。这一定律已经被用到管理和组织的各个层面，也是很多管理者用得异常顺手的工具，管理者们热衷于找员工和团队短板，就像第2章中提到的管理者戴着“NO”的眼镜审视团队，到处都是问题。一个隐喻上升到理论的框架，是不是还可以更全面地看待问题呢？盛水量还由桶的直径、形状和倾斜等因素来决定。

一位挑水夫，有两个水桶，分别吊在扁担的两端，其中一个水桶有裂缝，另一个则完好无缺。在每次挑水之后，那个完好无缺的桶，总能将满满一桶水，从溪边送到主人家中；但是有裂缝的水桶在达到主人家时，却永远只剩下半桶水。两年来，挑水夫就这样每天挑一桶半水来到主人家。当然，完好无缺

的桶对自己能够运送整桶的水感到自豪；而那个有裂缝的桶，则对于自己的缺陷非常羞愧，并为自己只能完成一半任务而感到难过。

饱尝了两年多失败的苦楚，有裂缝的桶终于忍不住，在小溪边对挑水夫说："我很惭愧，必须向你道歉。"

"为什么呢？"挑水夫问道，"你为什么觉得惭愧？"

有裂缝的桶回答道："过去两年，因为水总是从我这里一路直漏出去，所以我只能送半桶水到达您的主人家。我的缺陷使您付出了全部的劳动却只能收到一半的回报。"

挑水夫真诚地宽慰有裂缝的水桶，充满爱心地说道："一会儿在我们回到主人家的路上，我希望你能留意路旁盛开的花朵。"说完，挑水夫又挑了两桶满满的水，折返回主人家。

走在山坡上，有裂缝的桶眼前一亮，正如挑水夫所言，它看到缤纷的花朵，开满路的一边，并沐浴在温暖的阳光下，这景象使它非常兴奋。

但是，当走到小路的尽头时，它又难受了，因为一半的水又在路上漏掉了。

有裂缝的桶再次向挑夫道歉，挑水夫说："你有没有注意到路的两旁，只有你的那一边有花，另一边却没有花开。"

"为什么？"有裂缝的桶问道。

"我明白你有缺陷，所以我善加利用，在你的那边撒了花种，每次我从溪边回来，你就可以替我浇一路花了。两年来，这些美丽的花朵装饰了主人的餐桌。如果不是这样子，主人的餐桌上、客厅里就不会有这些香飘四溢的美丽花朵呀。"

一个有短板的木桶和一只有裂缝的桶，道出如何用人的智慧。找到他人的短板是聪明的，善于使用别人的长处是有智慧的。看起来是短板的部分一定也有用武之地，教学中使用两个不同的隐喻，进行深度辩证对比，帮助学员突破固有的思维定式，跳出以往的框架、换个视角思考，对学员更有价值。

再者，增强代入感

场景隐喻®可以引导学员进入体验的万国博物馆。

在法律界有一个经典的隐喻，具体如下。客户对律师的服务和价值不清楚，产生怀疑，也不希望继续购买法律咨询服务，于是律师与客户有了以下的对话。

律师："你走过大桥吗？"

客户："走过。"

律师："桥上有栏杆吗？"

客户："有。"

律师："你过桥的时候扶栏杆吗？"

客户："不扶。"

律师："那么，栏杆对你来说就没用了？"

客户："那当然有用了，没有栏杆护着，掉下去怎么办？"

律师："可是你并没有扶栏杆啊？"

客户："可是……可是没有栏杆，我会害怕！"

律师："那么，律师就像桥上的栏杆……"

律师把客户带入桥和栏杆的场景中互动，让客户很容易明白律师的价值是什么，比直接推销法律服务来得清晰明了，培训师也可以借鉴这样的应用。

有一次我培训的对象大部分是男性的管理者，整个管理文化偏向于强势和压力管理风格，大家现场也很坦诚："我们的沟通就是直接、简单、粗暴。"很明显，大家都清楚自己的风格锋芒毕露、所到之处杀伤无数。我问大家："为了保持清洁干净的形象，男士们早上用什么工具刮胡子？"有人用手动剃须刀片、有人用电动剃须刀，甚至还有人用传统刮脸刀。接着问："大家最不想出现的情况是……"当然男士们都不希望不小心刮破皮，留下血迹就不帅气了。"那你们都会怎么避免这个情况发生？"用剃须泡沫，泡沫的作用是让剃须的过程更加顺畅。最后问大家"为了让沟通更顺畅，我们会加入什么样的泡沫呢？"遂展开讨论。

所以，教练式培训不是培训师枯燥地讲，即使是形象化、生动化的场景隐喻®也不单是由培训师讲出来的，而是带学员进入这个场景，通过体验，带出希望学员接受的意图。其实只要通过适当引导，学员可以带出更多更系统的新思考。

最后，可以训练学员的系统思维

本节开始，用一个喻体"大象"带出不同理念和思考来，反之，一个本体，也可以由不同的喻体来表达，让学员的理解更加全面和系统。

例如，在一次"A+ 教练领导力"课程接近尾声时，我让大家用一个隐喻来代表大家学到的教练到底是什么。大家分组的创作，让我很吃惊。没想到通过两天学习，大家对教练的认知已经这么系统了，以下是学员从 3 个方面来隐喻教练到底是什么。

教练的状态

教练是佛陀，代表爱、相信、清净和平等的状态，这种状态更能激发人（虽然从来不想把教练的地位拔这么高）。

教练是唐僧，哪怕应对4个个性迥异的徒弟，也能运用善良慈悲的力量取得真经，代表相信和谦卑。

教练是功夫熊猫里的乌龟大师。平静的功夫大师帮助熊猫阿宝深度觉察，修炼状态，练成真功夫。

教练是太极。太极包含着清醒、睿智的哲思，其终极目的是希望人类活动顺应大道至德和自然规律，不为外物所拘，“无为而无不为”，最终到达一种无所不容的宁静和谐的精神领域。

教练是空气。空气是灵活的，不管你是石头和海绵，空气总能与你同在，同呼吸，陪伴和支持你。

教练是天平。教练始终是中立的，不带任何自己的价值判断和引导。

教练始终戴着相信的眼镜，相信每个人都是“OK”的，每个人都是完整的系统，足具智慧和资源。

教练是一本书，在辅导和支持人发展的领域知识渊博，等待客户来发掘。

教练的关注点

教练是明灯。哪怕客户有很多困惑和苦恼，教练总能让客户看到想要的、正向的诉求，树立正向思维。

教练是灯塔。教练激发客户正向的思维，照亮光明的路线，可以使客户看到更多可能性，充满信心。

教练是路标。当客户总是不知道怎么选择的时候，教练会帮助客户厘清选择的背后是什么、什么才是对客户重要的，选择马上清晰可见。

教练是指南针。当客户在十字路口徘徊或迷失方向时，教练能让客户看到内心的向往，找到突破的方向。

教练是导航仪。当客户清楚自己的方向时，教练会陪伴和支持客户，经过有创造力的历程，实现客户的目标。

教练是轮船。教练带领客户实现自己的目标，目标是客户自己定的，教练的作用是带客户实现它。

教练的方法

教练是魔法师。教练像魔法师一样创造奇迹，支持客户创造更多可能性。教练好像有很多工具和方法，随时都能满足客户的不同需求。

教练将魔法棒交到客户自己手里，让客户自己看到奇迹实现的一刻是什么样子的。客户自己创造一条可以实现的路径。

教练引导客户画饼。传统的领导只会自己给员工画饼，教练会让客户自己画一个想要的饼。自己想要的愿景和虚构故事总能激发动力。

教练深入冰山底层。教练总是激发客户的内驱力，动机、价值观等底层的动力，帮助客户自动自发地实现目标。

教练是雨露。如果客户是树苗，则教练就是雨露，给客户营养和滋润。教练站在发展的眼光看客户，不贴标签，相信客户会发展和转变。

教练是波浪。确切地说像海边打向沙滩的一层又一层波浪，教练一直在推动客户向前看，看成果而不是回到过去。

教练递给客户话筒，客户一直持有话筒，教练说得不多。教练通过提问让客户说得更多，才能让客户思路更清晰。

教练是镜子。当客户说得多时，教练会看到客户的模式。通过聆听和提问创造觉察，让客户看到自己的状态，才能清楚未来想要达成的状态。

教练是谛听。谛听是《西游记》中地藏菩萨的通灵神兽，可以通过听来辨认世间万物，尤其善于听人的心。

教练是剥洋葱的人。教练通过深度聆听和强有力提问，总能帮助客户剥洋葱，从表层问题一步一步地深入底层。

教练的辅导过程是射箭。射箭是为了击中靶心。教练就有射箭的能力，当客户迷茫时，教练可以直击问题核心，帮助客户解决问题。

教练可以一锤定音。教练好像握有法官的法槌，总是提出很好的问题，一击即中，帮助客户马上找到重要的突破口。

教练是乐高产品训练者。教练会用大量的工具和方法，让客户自己探寻解决方案，就像让客户自己组合产品一样创造无限可能。

教练是红牛。当客户从教练那里离开时，总是带着无限能量，对自己更有信心，也清楚了方向和方法，带着高能量和高承诺去实现自己的目标。

对教练的总结

最后大家用一个生动的机器人来对教练进行总结。机器人是中立的，不像人类有复杂的想法和判断，两个大耳朵善于聆听，头上的信号器一直在接收客户的信息和真正意图，听出背后的声音，这个机器人叫 Father。他在盒子里，就像神父一样，真诚地聆听客户，手里有很多工具，帮助客户找到实现目标的方法。

此时，学员的智慧真的被调动起来了，总结得比我心中的教练形象还生动深刻，通过用不同的喻体表达对教练的认知，并在不同层面进行解读，这样的过程会让学员的理解更加全面和深刻。

创造更多场景隐喻®并应用

前面通过我的教学案例，也让大家深度体验了如何在教学中使用场景隐喻®。作为教练型培训师，需要创造更多的场景隐喻®，并使用好它，这也是教练型培训师区别传统培训很重要的一个部分。如何创造场景隐喻®？

不难，但要用心。可以先从喻体开始观察和创造。例如，剃须泡沫的使用，是我在一次出差经历中创造的。讲课的当天早上，拿出剃须刀才发现忘记带剃须泡沫了，最终导致破皮出血。也就在那一刻，我联想到了沟通中可以加入一种剃须泡沫，并用此隐喻在现场与学员互动。也可以从本体出发，如我经常讲教练的课程，那我对教练的理解一定更深，那我就要想教练的作用是什么，它可以用什么来隐喻。从教练的本体出发，“导航仪”“镜子”等喻体自然也会被创造出来，但是我真的没想到的是学员的集体潜意识创造的力量如此之大。

创造的场景隐喻®来自潜意识的整合，人们需要通过大量的准备把知识体系和框架输入自己的潜意识。在放松的环境下，当连接到其他事物或场景时，自然会产生作用，再把它变成一个场景，设计一个教学活动。我无时无刻不这样做，并及时记在一个隐喻小本里，现在我的隐喻小本已经有超过上百个这样的教学设计了，今后也会把它拿出来做成微课或写成另一本书，继续保持与培训师们的互动。

本书的一大特点是用隐喻来表达我的观点，本章是集中表达的。所以，为了帮助大家更好地使用场景隐喻®，特意留出以下空白，邀请大家把与书里的隐喻相关的关键词记录下来，并连接到你的教学或培训呈现中，展开搜索吧。

隐喻应用

3 步创造视觉化图形

“一幅画胜过千言万语，一个场景隐喻胜®过千万幅画。”对于这句话你现在理解多少了？隐喻可以提升人们的认知维度。场景隐喻®本身就是带有画面感的，而图形图画更是人们表达的基础。

第 3 章讲过人类大脑皮层的 16 万亿个神经元构成了视觉脑。视觉脑拥有强大的信息处理功能，也是储存人们潜意识记忆的重要部分，当这些储存的信息在大脑里有机整合时，就可以发挥无穷的创造力了。视觉脑的结构与数码相机感光元件的像素结构类似，人们在眨眼之间已经拍下了无数幅画作，而且人们更擅长处理视觉信息。研究表明：人们能够记住 80% 看见过或经历过的事情，只能记住 10% 听到过的事情，对文字也只有 20% 的记忆。

视觉脑的结构提醒培训师们思考：呈现信息的专注点和方式应该是什么样的。大量文字？记不住，也没兴趣看下去，特别在这个信息爆炸的时代，人们已经慢慢失去阅读大量文字的能力。讲得很精彩？虽然需要讲，但只是一味地讲呢？培训师演讲能力很强，并很享受讲的过程，如果讲的部分没有调动学员的视觉脑，那么左耳进右耳出，留下的信息更少。图形和图片能大大提升人们接收信息的意愿度，大脑会进行更有效的处理，前面也提到不能给学员碎片化的信息，要给流程和系统内容。对于这些流程和系统来说，视觉化图形恰恰是表达流程和系统内容的最好载体。培训师们，你有把自己的信息和机构用图形表达出来吗？

以下先来看一个学生的案例。

2005 年，有一个土木工程系的学生，在职业规划的课程上，在老师的引导下，画了以下一幅图：理想的一天，如图 4-3 所示。

2015 年，这位学生已经成为一名创新团队教练，她现在拥有 10 年前画出的状态。这很神奇。她是我认识的一名教练，我特别欣赏她的天马行空和无限创意，每次见她状态都很好，最重要的是活出了自己想要的状态。当回忆这个过程时，她特别感激在职业生涯规划课上老师的引导，让她用视觉呈现的方式把自己未来的想象画了出来，虽然她画出这个图形时还不知道什么是教练，但这个理想的状态深深植入其潜意识。美好的愿景引导她的目标和行为，现在成为教练帮助她实现了 10 年前想要的状态。

图 4-3　理想的一天

所以，教练型培训师除了把自己的教学结构变成图形来传递，也需要引导学员创作属于他们自己的图形。人类的大脑就是爱图像，怎么办呢？为什么我会在本书中请兜梦研习社的小伙伴帮我画这么多视觉图，也是希望让大家更容易阅读、理解和传播。教学也是如此，时时刻刻践行我们所提倡的。

如何进行视觉化图形的创作，并与教学内容相连接，形成视觉化的知识结构？以下把自己的做法分享出来。我把这个做法设计成“成为教练型培训师”课程中的一个游戏化的教学活动，激发培训师们用 3 个步骤创造视觉化图形。以下尝试一下一起做这个练习。

第 1 步　画出任意图形

拿出一张 A4 纸，调取你视觉脑的潜意识记忆，把你能想象出来的任意图形化出来，画得越多越好。画出任意图形的示例，如图 4-4 所示。

图 4-4　画出任意图形的示例

第 2 步　连接图形关系

在第 1 步的图形基础上再次任意创作，不用增加新的图形，只要在图 4-4 的基础上再做加工即可，如图 4-5 所示。发动你的创造力，想到什么画出来即可。

图 4-5　在图 4-4 的基础上再做加工

第 3 步　创造知识结构

接下来在一张纸上写出你的知识点，如你最近在开发什么课程、课程里面有哪些信息或流程等。思考这些知识点中间有什么关系，用什么样的图形可以表达这些关系。

例如，我在创作教练型培训师的画像时思考：什么才是教练型培训师？以成果为导向，创造教练式教学的体验，启发学员转化，培训师要具备的教练状态，所以自然而然地想到了四象限。成果导向是看未来的、向上的，所以在上面位置；创造体验和启发转化是过程，所以在左右位置；教练状态是根基、底层逻辑，所以在最下方，就这样教练型培训师的知识结构就创造出来了，如图 4-6 所示。

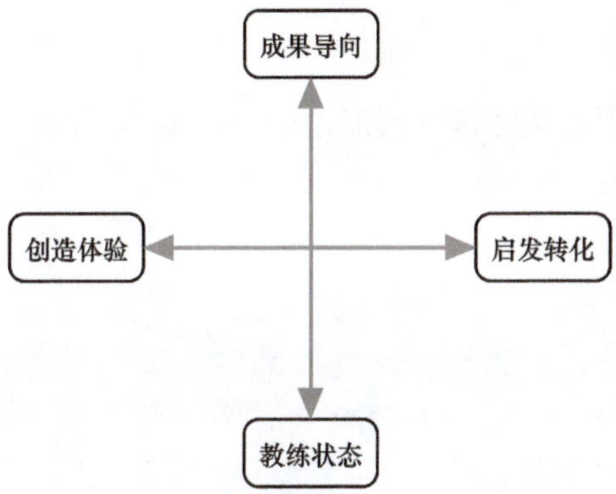

图 4-6　教练型培训师的知识结构（教练型培训师画像优化前的图像）

这样就够了吗？还可以再优化。本书第 1 章最后的部分我已经把教练型培训师的画像呈现了出来，是以一个人的形象呈现的，与图 4-6 中的四象限相比，哪个更形象和易于理解？显而易见，人的大脑代表关注点，教练型培训师的关注点在成果导向；创造体验和启发转化是需要教练型培训师引导的过程，在双手的位置，通过一双无形的手引领学员体验和转化；双脚扎根于地下，以教练状态为根基，牢牢守住教练角色，会更利于以学员为中心。对于教练型培训师画像这个优化来自在昆明的一次体验课。一个学员课间问我："Nick 老师，教练型培训师的画像，用四个象限可以说明，不过四个象限太普通了，很多地方都用，感觉不够形象，有什么方式可以更好地呈现呢？"学员就像教练，问了我一个问题并启发我做了这个调整。视觉的图形更能激发学员主动思考。

以上 3 个步骤学会了吗？是不是很简单和好玩。现在拿出纸和笔，创造属于你的图形结构吧！如果你能形成自己专有独特的结构，除了有利于传递你的思想、知识，还能提高你的品牌辨识度。

培训师不但可以把自己的知识结构用图形表达出来，还可以让学员在现场创作视觉元素。我在一次培训中，随机让学员抽取一些价值观词汇，有一组抽到了：满足、充实、独立、梦想、安定、易于接近 6 个词汇。接下来提问：这些词汇的关系是什么？用什么样的图形画面可以表达这个关系？假如用一个故事将它们的关系串起来，会是什么样的？可以在故事中植入一个什么样的隐喻呢？结果，大家把看似随机的词汇，用如图 4-7 所示的图像、精彩的故事和场景隐喻表达了出来。

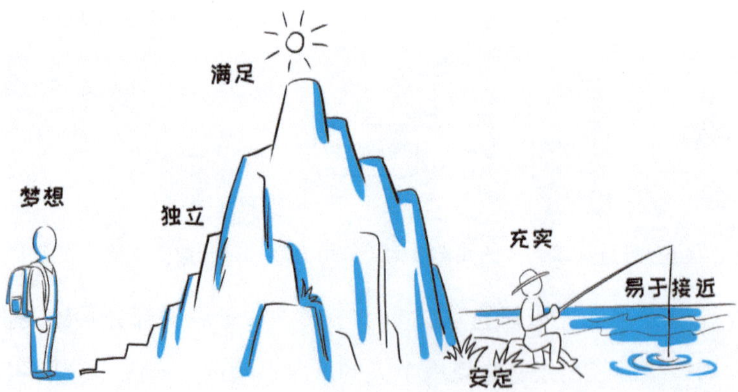

图 4-7 用随机词汇组成的图像

当把视觉图形与故事、场景隐喻结合时，你会发现学员的创造力完全被激发起来了，这个练习本身也是个游戏设计。下一节再把故事、场景隐喻®、视觉图形和游戏化活动结合起来，真的要感慨：创造力无限！

留给读者们思考几个小问题：

从这个练习中你学到了什么？

你会如何构建这几个关键词汇的关系？

如何用图形和隐喻来表达？

为什么我要做这个活动？

这个活动可以在什么培训场景里使用？

游戏化体验活动设计

游戏化元素

著名未来学家、趋势专家丹尼尔•平克在《全新思维：决胜未来的 6 大能力》一书中有这样的洞察：快乐和游戏不仅仅是快乐和游戏，笑声也不只是笑声。娱乐的对立面不是工作，而是沮丧。娱乐感，已成为工作、企业和个人幸福的关键。

游戏带来娱乐感。在教学中加入游戏元素、娱乐化的教学活动设计，不是为了娱乐，而是为了在娱乐中快乐地体验和学习，这就是游戏化教学。

首先问各位培训师，你玩游戏吗？这两年《王者荣耀》这类在线战术竞技游戏（Multiplayer Online Battle Arena，MOBA）异常火爆！ MOBA 这类游戏的玩法是：在战斗中一般需要购买装备，玩家通常被分为两队，两队在分散的游戏地图中互相竞争，每个玩家都通过一个即时战略风格的界面控制所选的角色。但不同于传统的硬核游戏，这类游戏通常无须操作游戏中常见的建筑群、资源等，玩家只控制自己所选的角色。

《王者荣耀》这样的游戏为什么火？

总结来看：简单易上手，不需要耗费大量时间，拉低了入门门槛，直接选英雄对战；节奏快，游戏地图小，角色成长快，迅速激活对战模式，10 分钟即可体验娱乐感；采用团队之间的作战，团队配合很重要，作战过程中成员之间可以方便地沟通和协作，增强了关系的纽带等。

游戏化应用

既然谈到游戏化体验，就需要了解一点游戏的元素和设计。大家都希望好玩一点，并能轻松愉快地从“学到”到“做到”。传统的单向传授在这个时代真的会让人昏昏欲睡。游戏化能不能帮到培训？帮到工作？估计老板们比较担心：大家都玩游戏，谁还干活和学习呢？十几年前在录像教学比较受欢迎的时期，大多数培训师们都看过《鱼》这本书。书中西雅图著名景点派克鱼市场的案例让我眼前一亮，原来工作还可以这么玩。

派克街市场内的鱼市以其精彩的销售方式尤为吸引顾客。前台售货员将顾客的需要吆喝着告诉后面的工作人员：“5 只螃蟹飞走了。”后面的工作人员一起重复吆喝一遍：“5 只螃蟹飞走了”，并且手脚麻利地把鱼像投篮球一样扔向前台售货员，又快又精彩。他们不但为顾客提供了一流的服务，还创造了愉快的购物体验，激发顾客一起吆喝，一起把卖出去的鱼抛来抛去，并偶尔逗趣一下经过的顾客。派克街鱼市场因“快乐的工作方式”而闻名全球。

派克鱼档的日裔老板横山将派克鱼档独特的售卖文化总结为派克鱼档员工们身体力行的 4 条准则。

玩。派克鱼档的员工们不再把平凡、枯燥和单调的鱼档售卖工作当作苦差事，相反，他们把工作当作游戏，当作可以带来乐子的有趣的事。

让别人快乐。派克鱼档的伙计们不仅把工作当工作，还把工作做成快乐的事，同时，他们还在轻松间让顾客不虚此行。即使对那些仅仅是路过或观光的过客，他们也随时带给他们快乐。

投入。鱼档伙计能够给自己、同伴，以及顾客创造快乐体验，其根源就在于他们是真正用心地在工作。热情、细心、乐观和开朗，这些积极的特质都源于他们在工作中的全心投入。

选择你的态度。对派克鱼档的大多数伙计来说，他们并没有多少机会能够去选择比在鱼档售卖鱼更体面的工作，但他们选择了积极的态度来应对工作。虽然卖鱼不需要很高的智力或技能、专业门槛，但像派克鱼档的伙计们那样能够把简单工作做出彩了，那就是不简单。

这是游戏化在工作中的经典应用案例。美国著名作家斯蒂芬•伦丁、哈里•保罗和约翰•克里斯坦森在他的经典作品《鱼》中，描述了派克鱼市场的独特销售场面。它不仅让更多的人了解了派克鱼市场的独特之处，还让更多人学会热爱所做的工作，即使做的是一份不太喜欢的工作，也能心甘情愿去做，凭借对工作的热爱去发掘每个人内心蕴藏着的活力、热情和巨大的创造力。随着派克鱼市场影响力的不断扩大，许多人开始关注并试着总结出一些有助于激发员工活力、释放员工潜能，能够提高士气和改善业绩的奇妙方法。而这些方法就是在工作中加入好玩、互动、娱乐化、积极的游戏化元素，让员工在背负的工作目标之外，更轻松地投入进来。

游戏化教学设计

游戏化教学应该如何设计呢？对此，我总结了一个游戏化漏斗设计模型，即激发参与—深度体验—聚焦意图—输出成果，如图 4-8 所示。接下来我会分享这个模型的设计路径并用实际教学中的游戏做演示。

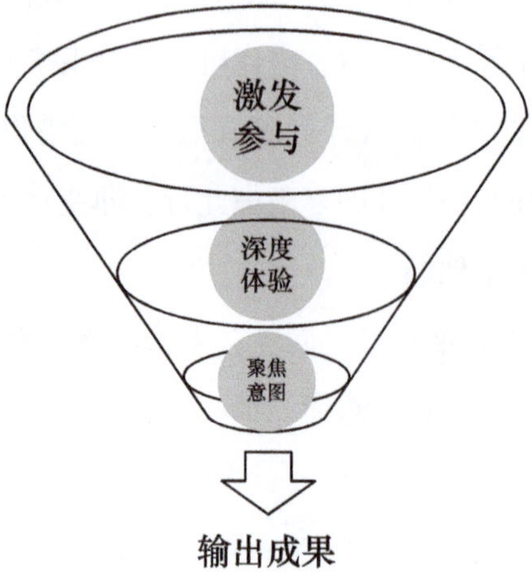

图 4-8　游戏化漏斗设计模型

激发参与

第 1 步激发参与的目的是让学员马上动起来，所以这个第 1 步尽量设计得简单易操作，能把所有人调动起来就更好了。以上一节 3 步创造视觉化图形为例，在教练型培训师的现场教学中，我把它作为一个游戏活动，来让学员体验创作视觉化图形的流程。我会把大家分成 5 ~ 6 人的小组。根据创造视觉化图形的第 1 步画出任意图形，先让大家在大白纸上画出任意图形，想到什么就画什么，没有特别的要求，只有一个要求：在 10 分钟内看哪个小组创作的图形最多。这样的活动设计，其实是让你从教学内容中先挑出一个点来玩，大家一起玩、随意玩、傻傻地玩、看似与主题无关系地玩，都可以。例如，你要讲授沟通的课，那先挑一个点来玩，问大家：“一般在沟通中做的第 1 步是什么？”之后两人一组，演出来，尽情发挥吧！

深度体验

第 2 步是深度体验。当大家玩起来了时，可以让这个体验再深一步。当需要调动学员智慧时，如果学员置身在轻松的环境且全身心投入时，更容易激发其创造力。根据创造视觉图形的第 2 步连接图形关系，我会让各小组顺时针走动，去到其他小组，在其他小组任意画出的图形上再次创作。这个时候的玩从一开始傻傻地玩变成了疯狂地玩，大家好像被打开了创造力的水龙头，由于是在其他组的画作上再创作，就更加“随心所欲”了。各种被加工后的图形变得更完整和更有故事性。好了，再玩一轮，继续疯狂。最后回到各自小组，看看你们最早的简单图形变成什么样了？与之前有什么不同？艺术品！是的，这时候的图形已经变成了一幅有故事的作品！

聚焦意图

第 3 步是聚焦意图。疯狂地玩已经到了深度体验的境界，这时培训师需要植入你的意图了。玩的目的不是娱乐，是为了更好地让学员体验培训师想要传达的意图。这时需要挑战一下学员了，当创造力被调动起来时，需要给大家一点有难度的挑战任务，在解决任务过程中提炼收获。根据创造视觉图形的第 3 步创造知识结构，让大家抽取概念化的关键词汇，用视觉图形、隐喻、故事，把这些关键词汇串起来。最后邀请大家来分享，其中也可以加入游戏中的积分或点数等反馈机制，激励学员。这时你会发现，学员的创造力无限不是随便说的，大家真的做到了。

输出成果

第 4 步是输出成果。成果有两个，一个是学员在游戏中最终创造的成果，另一个是大家在游戏体验过程中收获到的。一个是游戏成果，另一个是学习成果，但重要的是大家从游戏中学到了什么。印象深刻的是，一个经验丰富的培训师在参加创造视觉图形游戏后的分享：“还真是这样，以前觉得学员不懂，我就要告诉他怎么做，现在终于明白，大家通过体验的过程，真的可以创造出很多东西，比培训师直接告诉效果好多了，真的要相信每个学员都是有智慧的。”

游戏化体验互动的设计流程实际上是从潜意识体验到聚焦意识的过程，就是“先放后收”，除了这个流程的各个环节，对于培训师来说最重要的是掌控这个漏斗的节奏，并使之与你的教学目的一致，保持这个游戏化体验在正轨上。如果形式大于目的，那你就只会游戏了，没有游戏化教学。

作为教练型培训师，不仅是提前设计好游戏流程，还要能基于现场的互动，当下创造一个新的游戏化活动，要像做教练一样，让教学流动起来。实际上，创造视觉图形的活动来自现场。再跟大家分享一个现场游戏化设计的活动。在一次沟通课上，一个学员透露出他其实有一个想法和期望想与其他同事沟通，但又怕这个想法和期望会有点过分了。我的潜意识提醒我，这时候要玩一下。就这样，我们就玩起了“非分之想”的游戏，我请每位同学在便笺纸上写下一条“非分之想”。希望给谁就告诉他：“为什么有这个想法，希望对方怎么配合你。”没想到这个当下创造的游戏效果非常好，最后大家都帮助对方完成了那个“非分之想”。

虽然大家可以从本书中读到我所分享的游戏化教学活动和操作手法，但我的建议是，不要硬搬流程和步骤，重要的是与你的教学目的相结合，创新并创造出让现场流动起来的专属活动。给大家一个挑战性的任务：在场景隐喻®那节中，我提到了提升专业人士到管理者的认知，结合形象化的场景隐喻®+游戏化体验活动，你会怎么设计这个课程？欢迎与我分享交流你的设计。

如何用好教学案例

案例教学是一个很有效的传统方法，学员特别喜欢案例教学法。一般来说，培训师已经很精通案例教学法了，所以如何用好教学案例这个主题，本章不会再详细探讨案例教学法，而是用教练的理念，帮助培训师更好地用好案例教学。

在故事一章中，我表达过我的观点，故事最好是亲身经历的，其他可以作为案例来与学员互动，而案例最好来自其他学员，或者是在与参训学员容易连接的人身上发生的案例。除了把案例打印出来引导学员阅读讨论（特别是篇幅较长的案例，可以在上课的前几天发给学员），还可以用讲故事的方式把案例呈现出来，可以用这样的句式开始："我曾经有个学员，就坐在第一排的那个位置，他有过与大家类似的经历……"

这样的开场比较容易把学员带入故事中，就是有常说的代入感。在一次"向上管理"的课堂上，有学员跟我分享了一个案例，以下就用这个案例带给大家展示案例教学的体验（注：使用此案例，已征得学员同意）。

很多公司都有"回炉"计划，对离职的员工保持一定开放度，吸引对公司有价值的老员工再次回来。假如有一天你离开了公司，你猜老板会在"回炉"意向那里签上"不予考虑""可以考虑"，还是"非常欢迎回来"？有这么一位被老板期待"非常欢迎回来"的朋友 Jenny，她是我曾经的一个学员，也是我的原创公众号"大象白话"的忠实读者，她会与大家一样阅读本书，她跟我分享了她与老板相处的一个很小的故事……

2011 年夏天，阳光明媚，公司照例迎来了两名法国总部的审计人员。为了让他们在接下来的两周内能更好地开展工作，老板嘱咐我订了公司对面隔了一条马路的餐厅，三人有一个工作午餐。中午等老板走后，我整理了下工作资料，然后赴约小姐妹的午餐。刚到餐厅点好单，窗外突然乌云密布、黑压压一片，心里祈祷"千万别下大雨，我的鞋子不要蹚水啊"。可惜事与愿违，几分钟后，倾盆大雨如期而至。心里暗自嘀咕"没带伞，那么大雨，估计大家都会晚点回去了，可以安安心心地吃饭聊天了"。

点了单，餐还没送来，手机响了，一看"老板"来电，心里琢磨："才 1:15，没那么快吃好饭吧？"（我们公司比较人性化，没有严格的指纹打卡。）

接通电话，“喂，老板”，没有声音；“老板？”连续几次应答都没有声音，看看手机，还在通话计时中，餐厅2楼信号不好，赶紧起身跑下1楼，回拨老板的电话。此时，餐厅内部灯光愈发地昏暗，窗外雨下得越来越大，“嘟嘟嘟”，电话没通，还是没有信号。刚挂掉，老板的电话又来了，接起来“喂，Jenny”“喂，老板”……彼此都听不到对方的声音，无奈只有挂掉。

我站到餐厅门外，迎着风雨，等待信号的恢复。几分钟后，终于有两格信号了，我第一时间打电话到餐厅，询问了我订餐的那桌是否已经买单离开，得到的答复是“没有，还在用餐”，我马上告知餐厅，如果客人提早买单，务必请他们等一会儿。得到餐厅肯定答复后，我打电话给我们部门的小妹妹Yoyo，很幸运，她在公司。我告诉她，麻烦她带三把伞到马路对面的餐厅，外面雨太大，老板他们回不来，我现在也被雨困住了。打完电话，我也赶紧吃完饭，没法聊天了，想办法回公司吧。虽说只有几百米，但餐厅的伞都借完了，订车订不到（那时候可没有滴滴什么的），满大街都是等出租车的人，本打算冲到旁边的商场买把伞，还好，一辆出租车停在了我面前，运气太好了。

回到公司，小妹妹已经回来了。她说，当她把伞送给老板的时候，老板特别诧异但又非常开心。问她“你怎么知道我需要伞”，小妹妹说“Jenny 让我送过来的”。听到这里，我也暗自窃喜工作完成得不错。

没多久，老板他们三人回来了，刚进公司，就听到他很大声问我：“Jenny，你怎么那么厉害，知道我要什么，还让 Yoyo 送过来。”然后转过身，和两个法国人夸耀一番，看得出脸上倍儿有面。那声音大得旁边的销售员们都纷纷侧目，我也很爽啊。

以上就是案例的部分，如果学过引导技术，则会用焦点会谈法（Objective Reflective Interpretive Decisional，ORID）的会谈式讨论法，如果把它用到这个案例讨论上，可以问：“在这个案例中你印象深刻的是什么？对你向上管理有什么启发？ 你具体学到了什么？今后会怎么做？”引导学员进行讨论，因为在上一节中提到了节奏，所以在开始讨论的时候可以是完全开放的，并允许有不同见解。假如没有，培训师也要抛出不同想法，因为没有不同见解就没办法进行理解和有共识。之后，聚焦于向上管理，并与学员的工作场景相连接。最后，需要培训师来收尾，我会用下面的方式来收尾。

这是 Jenny 印象深刻、比较有意思的小经历，三把雨伞就是老板的意图。在平时工作中，她也真的比较擅长领会老板想要的“三把雨伞”，问她秘诀是什么，简单两个点：“主动思考和多做一步。”

对于老板布置的任务，作为下属是不是能领会到意图，并把它做好，是需要主动思考的。面对一个任务，如果员工只是完成表面的要求，不会举一反三，则任务完成度与老板的期待会大相径庭。作为老板，一定不希望员工是被动的，就像一块大石头，推一点动一下，有时候还推不动，用大力还会留下内伤。有时候老板很忙，不一定把任务表达得很清晰，也许就是要让你猜，作为员工，多做主动思考没什么不好。

打电话给 Yoyo 是 Jenny 自认为的神来之笔，其实就是多做一步。老板布置的任务可能有难度，特别是紧急时期的指令，需要你做得又快又到位。做到一半，员工发现很难或因为其他部门的配合问题，吃了闭门羹，事情进行不下去怎么办？“老板，我真的没办法了，他们只能这样。”如果你听到你的员工说这样的话，会不会很生气，克制住。作为员工，有没有可能多做一步？柯维先生说：“永远都有第三方案。”对此，我是相信的，多做一步，用点心，一定有办法。当你有办法时，老板也会得意和有成就感，互惠互利。

不论从老板的角度还是员工的角度，两者都是合作的关系，目标和责任是老板承担的，而员工的作用是为了协助老板把目标完成。聆听老板的意图，主动思考和多做一步，你会被期待“非常欢迎回来”，而且跳槽时的背景调查对你一定也是有利的。

收尾的过程就是漏斗漏出培训师想要表达的核心意图，用教练的方式来呈现，主要会涉及隐喻、提炼、连接、价值和升华。在以上这个案例里有三把雨伞，可以将三把雨伞隐喻为老板的意图。作为教练型培训师，这个敏感度要有，要把这个隐喻提炼出来，让学员看到并植入潜意识，甚至也可以用“三把雨伞”来进行讨论；提炼出“如果向案例中的人物学习，需要从哪几方面做到，关键行动是什么”，而如果这个提炼是通过案例中的人物提炼出来的，会更有说服力；连接案例中的人物和其他利益相关者，特别是学员今后要面对的利益相关者，各个利益相关者的需求是什么，用案例影射并做相关总结；了解利益相关者的需求，指出如果按照提炼中的行动去做了，会产生什么价值，对大家都有益的部分是什么；最后升华为假如我们都做到了……会有什么不同……大家可以尝试做一次这样的收尾总结。

像教练一样激发学员的内驱力

内驱力的来源

你有没有过图 4-9 所示的推车经历？记得 1999 年夏天刚学会开车，我开着一辆面包车带着几个朋友在云南的山村间穿梭。那个年代云南的旅游开发并没有现在这么发达，路上车辆稀少，基本上是畅行的状态，有种放飞自我、自由翱翔的感觉。当经过一个村庄的桥梁时，由于刚下过大雨桥面已经变成了一片泥洼之地，桥两边还没有护栏，作为新手只想小心翼翼通过，没想到越小心越往泥洼里陷，就这样，左前胎整个陷入泥洼中。车开不了，一车人下来推车。仗着年轻力壮，所有人用尽蛮力推车，每到轮胎快要出来时力气基本用尽，瞬间又滑回泥洼里，来来回回几次，深切感受到推车的辛苦和逆向用力的无助。后来有村民过来说："你们就这样傻推啊？看你们一帮年轻人不动动脑子啊？"原来一边推车，一边在左前胎垫高一层木板，两三个回合就推出来了。紧接着一阵傻笑，继续一路放飞。

图 4-9　推车经历

作为培训师，你的学员是否也会遇到泥洼之地，也会偶尔遇到车子熄火，也会陷入被动或想要逃离的痛苦，你是用尽全力在推动学员学习吗？在推动学习的过程中，不止在后面推，还在侧面修正，一点点地护航学员前行，这样的培训师真的很尽责也很辛苦。

后来有一次去举办过国际汽车联合会卡丁车世界杯的澳门的室外卡丁车专业赛道体验了一把赛车手的感觉，穿好专业赛车服后，教练只用简单的英文说："10 分钟，左脚油门右脚刹车，看到格子旗回来，安全第一，走吧。"同行的伙伴就像赛车手附体一样，开始一路狂飙。好像每个人都觉得自己是最快的那一个。我们都有开车的经验，特别是老司机，开在路上总相信自己是最快的那一个，别人很慢。自己掌控方向盘和速度，最怕开车时别人指指点点，告诉我终点和规则，我一定能达成。

所以，作为培训师，你是在用力推动学员被动学习，还是启动了学员自主学习的动力引擎？

每个学员也都是赛车手，培训师实际上拥有一个 F1 车队，关键在于怎么把这个车队激活，达到最好的学习效果。启动学员的引擎实际上是激发他的动力，动力越足，火力越猛，就像极品飞车里冲了“氮气”的赛车一样一骑绝尘。赛车手的动力是什么？赛车手有目标，每个赛车手都憧憬上颁奖台喷香槟的那一刻，这件事有意义且有信心去实现；赛车手是自己掌握方向盘，自己驾驶赛车在赛道上超越对手，通过自己的努力有所成就，并被广泛认可；赛车过程中有挑战性，但同时有更多可能性，面对挑战不断超越自我，让自己做得越来越好；等等，这些都是赛车手的动力来源。

那么，如何激发学员的内驱力呢？

德鲁克先生在《卓有成效的管理者》提道 ：“知识工作者的工作动力，取决于他是否具有有效性，以及他在工作中是否能有所成就。”

丹尼尔·平克以 40 年来有关人类激励的研究为基础，揭示了胡萝卜大棒这样的外部激励措施已不是激励人们自己和其他人的最好方法。他审视了驱动力的三大要素：自主（我做什么我决定）、专精（把想做的事情做得越来越好）和目的（超越自身的渴望）。

胡萝卜大棒是学员的外部动力，甚至组织的目标和压力也是外部动力，是需要学员做到的部分；自主、成就、有效、意义、专精、目的等，来自学员的内在动力——内驱力，是学员想要实现的部分。每个人都有内驱力，而且都是正向的，即第 2 章所说的：“学员的正向动机总是能支持他做出积极的转变。”如何激发学员的内驱力呢？从内到外地激发和转变。教练型培训师会像教练一样关注学员的内驱力，让学员“想要”的部分清晰可视化，并与组织“需要”学员做到的部分相连接，搭建想要与需要的桥梁，通过提问和支持，让学员自主达成。有可能是从内到外，也有可能是从外到内到外的路径，无论如何都要有内驱力才是有效的。

由内到外地激发

先学习乔布斯是如何激发人的。

在苹果刚刚开始设计第一代 Mac 麦金托什电脑时，乔布斯来到拉里·凯尼恩的面前，他是负责为 Mac 设计操作系统的工程师。乔布斯直截了当地告诉拉里，Mac 目前的开机启动时间过长。拉里的第一反应，就是开始解释原因。但是乔布斯直接打断了他的解释，问他：“如果能救人一命的话，你可以将系统启动时间缩短 10 秒吗？”

拉里考虑了一下，说也许能够做到。乔布斯于是拉来一块白板，列出如果 Mac 卖出 500 万台，而每天每台机器开机多花费 10 秒，那么加起来每年就要浪费大约 3 亿分钟，而 3 亿分钟至少相当于 100 个人的寿命。

通过这个简单的公式，拉里彻底被震惊了。在一星期之后，拉里让 Mac

的启动时间降低了 28 秒，并且之后 Mac 系统的启动速度一直快于同时期的 PC 系统。

乔布斯没有直接下命令：你需要把系统启动时间缩短 10 秒，而是先分析为什么要缩短系统启动时间，不浪费人的寿命就是救人一命。对拉里来说，救人一命的目的比缩短 10 秒的任务目标更有意义、更有成就感，也更能说服自己。当然要干，最后还超出了乔布斯的预期，直接将启动时间降低了 28 秒。当这个目标实现时，拉里有信心可以越做越好。乔布斯从内到外地激发了拉里。领导力哲学家西蒙·斯涅克发现了如图 4-10 所示的激励人心的黄金圈法则：Why（为什么）—How（如何做）—What（做什么）。

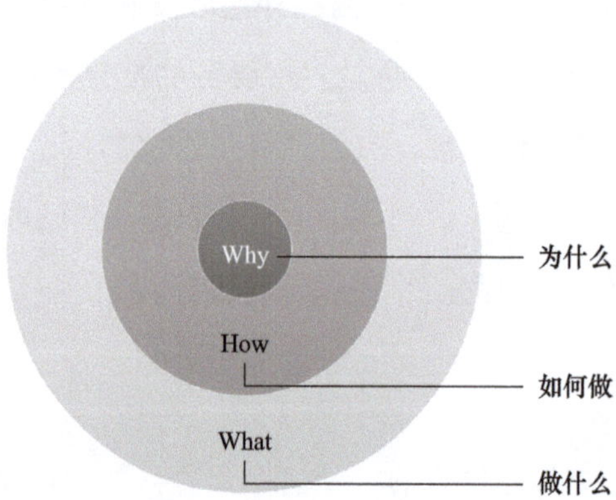

图 4-10　黄金圈法则

在日常培训工作里，公司有很多目标、标准、流程等，需要员工做到，培训师在传达这些的过程中会遇到学员的抵触，因为工作中对员工的要求已经够多了，甚至这些要求员工都没参与制定，所以明知道标准是什么也不愿意做。如果这时培训师再有要求，学员会更加抵触，以至于很多培训变成了安排事情，导致培训没有效果，学员也越来越不重视。

在培训中，不妨使用黄金圈法则，把内驱力的自主、成就、有效、意义、专精、目的放到 Why 中，让学员发表对 Why 的理解。以此先激发学员内驱力，再使学员从心智、思维和意识层面理解和认同 Why，最后与学员一起谈标准和行为，学员自然会投入行动。

我曾经为某家成长型公司的员工做教练培训。以创新培训为例，这家公司在创业初期就提出创新的口号，但经过 5 年的发展，员工的创新动力还是不足，一直安于现状不敢承担创新带来的风险。

Why（为什么）

为什么要创新？

创新对我们有什么意义？

当我们创新时，会给我们带来什么？

当我们持续创新时，对客户有什么帮助？

当我们持续创新时，对社会有什么价值？

在一个持续创新的组织里，对你又意味着什么？

How（如何做）

如何衡量我们是否创新了？

要创新需要突破什么？

接下来有哪些步骤可以实现创新？

有哪些关键举措？

What（做什么）

下一步具体做什么？

你会从哪里开始？

下周做什么？

Why—How—What 会从学员的意识层面开始，当意识转化时，行动就快了。如果在培训中直接讲“为什么创新？如何创新？创新行为？”其实效果会很一般。关键是要带领学员进行创新。先让学员谈谈对创新的想法，从内到外地谈一谈，然后达成一致，共同行动。这场培训达到了预期的效果，学员认识到公司只有创新了才能可持续发展，才能实现更美好的未来，才能让自己的工作更有意义，才能让自己更有成就感，才能将自己的价值传递出去，所以，开始创新吧！

企业经常抱怨员工没有主人翁意识，而员工也觉得企业没有给自主的机会，教练型培训师可以创造这个机会，让学员参与进来，激发内驱力，达成共识，自主成长。

用教练的结构化提问设计课程体验

本节是关于教练式提问的，你有没有发现，在上一节或前面很多章节中都埋下了提问的种子，甚至每章结束前都会用提问启发你，读到这里，你是不是已经习惯提问或已经掌握了提问呢？

为什么提问那么重要？教练型培训师要启动学员自主学习的动力引擎，而提问就是那把启动引擎的钥匙。

与提问对应的是告知，告知是推——建议和限制，提问是拉——启动和激发。各位培训师，看到这里，再次邀请你动一动，体验一下，当我们告知学员的时候会说："你们应该这样做……""你们以后得这样调整……""你们都去做吧……"告知的时候是把学员推出去的感觉，对学员来说告知是外部动因。人们天生对外部的信息会先做过滤：抵抗或逃避，做好或做不好都是因为外部因素。如果换成提问，则问："为什么这个内容对大家这么重要？""我很好奇大家会怎么做呢？""我也想了解大家未来的计划是什么？"提问让学员主动思考，从内到外探索对自己的价值及考虑如何采取行动，为自己负责。

以下可以对比体验一下。

"你得这样做啊！你跟客户沟通的时候得这样、那样啊！你的报告写得不够细，你得这样改、那样改啊！"

"我想了解一下，你会怎样与客户沟通他才会接受？假如客户接受了我们的方案，对我们有什么意义？我们的报告是给谁看的？怎么写才能让他们清晰我们的目的呢？"

以上这两种沟通方式，你更喜欢哪种？是不是体会到了推和拉的感觉？提问是给你一把钥匙，相信你有智慧，可以做到。

特别认同《哈佛商业评论》中的一句话："好的领导者一定是一个好的提问者！"同样，教练型培训师也是一个好的提问者。好的提问可以激发学员的动力和潜能。从现在起精通提问，学会用提问激活学员的创造力。

教练式提问是结构化的，最早的结构是 GROW（Goal，Reality，Option，Willing）模型。

- Goal（目标）

你的目标是什么？

具体怎么衡量目标实现了？

什么时间完成？

- Reality（现状）

为了实现目标你都做了什么？

现在遇到了哪些挑战？

最需要突破的是什么？

• Option（选择）

有哪些方法突破挑战？

有什么资源可以帮你实现目标？

你将如何实现目标？

• Willing（意愿）

下一步具体做什么？

什么时间完成什么？

怎么知道你做到了？

GROW 模型是最早的教练提问模型，比较简单易用，适合基于目标分解动作的场景应用。优点是简单直接，限制是在执行层面，缺少对人的关注，以及对情绪、动力、状态的调整，以下介绍一个比较系统的教练提问流程。这个教练提问流程包括动力层面和执行层面的 6 个逻辑层次，如图 4-11 所示。

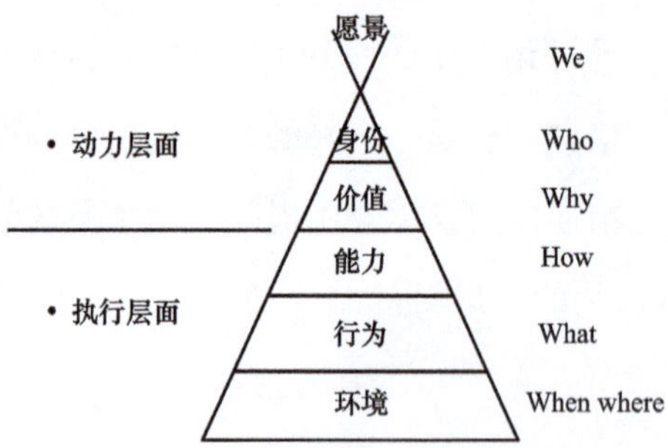

图 4-11　比较系统的教练提问流程的 6 个逻辑层次

以下以日常工作为例，具体介绍下此流程。一般来说，公司经常压任务进度和时间节点，如要求时间过半任务过半，或者要求最后期限要完成什么。

我以前所在的公司有很多项目要做，包括跨部门的项目，到了时间节点进行考核时发现很多都没有完成。此时，教练提问需要关注的“时间节点”就在环境层次。

为什么没完成？都做了什么？你会发现每个部门都说太忙了。每个人都在忙，都在低头做事，是不是真的有效？员工的注意力被大量分散，忙得迷茫和盲目。而关于“做什么”的提问就在行为层次。

员工那么忙，要怎么做才能忙得有序？要提升什么能力才能让员工更好地完成时间节点的目标？进行培训或辅导，如果还是不能完成目标，就设置奖惩制度。通过绩效指标和能力训练来确保真的在高效执行。而关于“怎么做”的提问就在能力层次。

环境、行为、能力层次被归为执行层面。如果控制行为、设置考核和时间节点，短期内确实能提升绩效，取得一定成果，但长期下来，只看员工从 A 到 B 怎么更高效地达成而已，以后员工有被智能机器人代替的风险。

关于教练提问的逻辑层次，比能力更高一个层次的是价值层次。知识经济时代，人被雇用的除了双手双脚，还有大脑和心智。公司雇用的是完整的人，员工要知道为什么要做这个事情。例如，为什么要看本书？因为大家都有进取的心，都希望在这个快速变化的时代掌握新的知识和能力，让自己占有一席之地，所以要学习，要用更多的时间学习，这就是其中的一个意义。当人们明白了真正的意义时，自己就会去行动，想办法学习以提升自己，行为也就自动自发地产生了。价值是很好地连接内在动力和外在行动的转折点，“有价值、有意义”就是那个积极的转折点，可以帮助人们更好地付诸行动。

身份层次在价值层次之上，即你希望成为什么样的人？例如，你是一名销售人员，你希望成为什么样的销售？客户认可的、领导欣赏的销售。例如，你是一名培训师，你希望成为一名什么样的培训师？带领更多人成长的、成为别人榜样的培训师。销售、培训师都是角色，而角色很多时候是社会赋予人们的责任。在角色前面加上个人价值观，就是身份，可以从内到外地发挥这个角色的正向影响力。学员在工作中有很多角色，他们希望完成一个项目以后，在自己眼里、别人眼里变成什么样的身份？教练可以在这个层次通过提问来激发学员。

再往更高层次来看是关于愿景的，即未来成功的画面。你希望为周围的人带来什么积极影响？当你成为带领更多人成长的、成为别人榜样的培训师时，你为学员们带来的积极影响有哪些？你具体会看到什么积极转变在发生？你在传递什么样的价值和精神？愿景是一大画面，包括了“我”和与我的工作目标有关的“利益相关者”，以及当我做完一个项目、完成一个目标时，对大家都有什么好的影响。愿景调动了每个人的原动力，成就自己、帮助他人。

价值、身份和愿景都属于动力层面，当动力层面被激发起来时，再转到执行层面。

一个销售团队想达成的成果是希望提升经销商的销售额，以下为我在培训中用教练的提问来激发团队成员从动力层面到执行层面的过程。

愿景层次。

我（教练）：你们想实现的是什么？

希望上半年本地区经销商的销售额同比提升 20%。

我（教练）：假如 6 月 30 日目标完成了，会与以前有什么不同？

经销商库存少了，还会跟我们进更多货。

我（教练）：那时候会发生什么？

可能经销商会排队下订单，我们都忙不过来，接订单接到手软。

我（教练）：这对你们、经销商有什么影响？

我们一起挣钱，我们是一个利益共同体。

我（教练）：那个经销商会对你们说什么？

感谢我们啊，能带他们一起挣钱。

我（教练）：完成以后你们会在哪里？

我们会一起策划一次旅行……

我（教练）：感觉怎么样？

开心，满足。

身份层次。

我（教练）：实现目标的你们是什么样的团队？

积极向上的、互相支持的团队。

我（教练）：经销商会怎么评价你们？

可靠的、值得信赖的。

我（教练）：如果团队持续这样做下去会怎么样？

战无不胜，成为最佳团队。

价值层次。

我（教练）：为什么要成为那样的团队？

那才是真正的团队，有凝聚力。

我（教练）：为什么要实现 20% 的目标？

帮助经销商，他们卖得好我们才有持续合作的机会。

我（教练）：这些都实现了，对你们意味着什么？

有成就感，有价值。

能力层次。

我（教练）：怎样做才能有成就感，有价值？

要先做好规划，与经销商一起做规划，获得支持和共识……

我（教练）：你们已经具备了哪些能力来完成它？

积极的沟通能力、销售谈判能力……

我（教练）：还有哪些是需要提升的？

活动策划能力和执行能力……

行为层次。

我（教练）：具体行动计划是什么？

与每个经销商沟通……

我（教练）：团队之间如何配合完成？

……

我（教练）：下一步的重点是什么？

……

环境层次。

我（教练）：每个阶段的里程碑是什么？

……

我（教练）：下一次再聚，怎么让我知道你们真的做到了？

……

以上为提问的完整过程（鉴于市场竞争和商业机密考虑，执行层面略去了客户的市场策略）。提问时，往上 3 个层次走叫上堆，往下 3 个层次走叫下切，上堆激发动力，下切具体行动，从内到外地激发。任何大大小小的项目和任务都可以用这 6 个层次来沟通，并且可以灵活运用。不管你的团队在哪个层次做思考，都可以从价值层次开始，如有人说没时间做一些事，那是因为他可能没意识到做这个事情的重要性，那么就可以从为什么做开始沟通，上堆完动力层面再往下切具体做什么。

也可以用以上逻辑层次的提问流程进行自我教练，如最近我在写作，也用这个方式进行自我教练。

我：为什么要写作？

我希望把教练的应用实践变成大白话，分享出去，让大家简单易用。

我：我希望成为什么样的人？

能带给更多人成长，有收获、有成就，内心喜悦的人。

我：未来我想实现的是什么？

更多人通过我的分享收获了成长、成就和喜悦，我与我的读者一起举杯庆祝。

我：怎样才能做到呢？

坚持最重要。

我：具体做什么？

每周写两篇教练应用文章。

我：具体产出？

微信公众号文章，两本书。

你学会了吗？当你精通提问的时候，

那个时候你是什么样的培训师？

那对你意味着什么？

怎么知道你已经精通提问了？

下一步的具体行动是什么？

如何知道你做到了？

提问是一门艺术，需要刻意地练习和反复地应用，让自己一步步精通。特别喜欢大师级教练 Paul 博士的一句话：“让提问渗透到你皮肤的每一次呼吸。”到那个时候你真的精通提问了，不管你是作为教练辅导自己、学员或团队，相信大家都已经启动了动力引擎，共同朝向往的方向一路狂奔。

为了更好地帮助培训师学会提问，在不同层次练习提问，我专门录制了 12 节“A+ 教练三问”系列微课，不管你是培训师，还是管理者，都很适合学习如何问出好问题。以下是微课二维码链接，欢迎学习交流，谢谢！

以上是为大家介绍的创造体验的所有内容了，也将教练的理念和方法应用在体验式教学中了。然而，体验手法不仅限于此，如声场调频等声画并茂的方式，很难在书中呈现出来，可以先学习使用以上模式，设计引人入胜的教学体验，等有了良好的体验，学员才会继续深入下去，才有从“学到”到“做到”的转化，这也是下一章节要介绍的内容。

小 结

1. 让培训引人入胜的体验之旅：

   感知—参与—互动—解决—思考—意义。

2. 用故事心电图连接学员感知：

   悬念—情节—转折—突破—意图—升华（提问 + 隐喻）。

3. 创造场景隐喻®，扩大学员认知空间：

   一幅画胜过千言万语，一个场景隐喻®胜过千万幅画。

4. 3 步创造视觉化图形：

   画出任意图形—连接图形关系—创造知识结构。

5. 游戏化体验活动设计：

   激发参与—深度体验—聚焦意图—输出成果

6. 如何用好教学案例？

   隐喻、提炼、连接、找价值和升华。

7. 像教练一样激发学员的内驱力。

   黄金圈法则：Why（为什么）—How（如何做）—What（做什么）。

8. 用教练的结构化提问设计课程体验：

   GROW 模型、逻辑层次。

自我教练

1. 你在培训过程中传递的知识结构是什么样的？

2. 你在培训过程中传递知识的节奏是什么样的？

3. 你如何理解学习到转化的过程？

4. 请重新梳理自己一门课程的知识结构：

5. 请重新梳理自己一门课程的传递节奏：

第 5 章 搭建体验到转化的桥梁

体验到转化如骑自行车的过程，体验是让学员有意愿且知道怎么骑，转化是让学员实际学会骑自行车。

——Nick 教练

转化认知到行动的教学逻辑

再来回顾下学习转化之环的以下 6 个步骤。

体验：通过体验式教学活动提升学员认知。

演示：做一次演示，示范工具和方法的使用流程。

练习：形成学习小组，现场实操练习。

反馈：回顾并反馈练习中的体验。

总结：总结学员的收获并创造深入觉察。

应用：与实际工作结合，探讨应用场景。

第 4 章用大量章节探讨了创造体验的部分，不得不说，转变学员的意识是最难的，希望前面介绍的体验方法能为各位培训师开拓更多新的思路。当学员发生意识的转变，主动愿意学习时，接下来就要把学习变成实际行动了。

认知到行动实现的底层逻辑可以归纳为：可视化、简单、习惯。听到的是传说，看到的是事实，培训师能把所教学的内容演示出来，或者用更多视觉化的元素呈现出来，让学员看到有效的部分，学员就会摩拳擦掌准备练习；练习需要从简单开始，逐步培养习得的信心，加上培训师的积极反馈，不断总结和优化，让自己使用得越来越顺手；当这些新知能和实际工作结合在一起，与现实场景相连接，在场景里解决实际问题时，学员会养成使用新知的习惯，真正做到无意识有能力，潜移默化；与学员一起通过“演示—练习—反馈—总结—应用”把这个行动转化的桥梁逐步修通。

你能演示你所教学的内容吗

你能演示你所教学的内容吗？我在不同场合问过不同类型的培训师，经常有培训师被这句话问倒。

也有培训师跟我反馈，医生看病，是不是需要先问一遍所有之前的病历。这样的类比看似没问题，其实跟培训师传授能力不一样。更恰当的类比是这样的：如果专科医生带实习医生，如牙科，则专科医生不需要得过所有牙科疾病，只要他看过的牙科疾病多，就能言传身教，让实习医生学到更多；如果没看过，只是照本宣科，则不会让实习生学到更多，因为实际遇到的情况比书面上介绍的复杂很多。专科医生不需要得过所有牙科疾病，只需要看过，就能把看病的能力传下去，但是看病需要专科医生提前积累才能传授，这也是专科比其他普通科室受欢迎的原因。

培训师也一样，传授的能力不仅需要自己先精通，更需要大量地积累经验，才能更好地传授下去。培训过程不仅是传授培训师的经验，还需要激发学员的创造力，要求更高。

做到是基础，能力是第一步，讲是导入的部分。现在的学员确实不喜欢培训师只讲了，看比听更有效。只有学员知道你是如何做的，并且做成功了，才会觉得你讲的有用且愿意用你的方法。客户越来越实际，希望所有培训都能帮助学员既提升了能力，又解决实际问题。我也经常问讲教练课程的讲师，你能不能在 30 人面前做一次 1：1 的教练演示？看到的更贴近真实。

能力确实重要，但还要看培训师的状态，要言行一致。做教练类的培训，状态就更加重要了。因为教练不仅涉及技术层面。之前有一名客户是第一次采购教练课程，他们对教练也不了解，只感觉是时下比较新的管理趋势。客户对我的要求是：“相老师，我们对教练确实不了解，您只要让学员感觉您特别推崇教练，让学员看到您从骨子里认可教练，让学员也相信教练有用就好了！”客户的要求也激发了我，让我相信“相信”是可以传递的：我从骨子里相信教练，并通过这份自信和坚定信念，做到并传递教练的实用价值，然后学员才会相信教练的价值，最终学员学会了教练技能，他也会相信自己一定可以做到，把这种相信带到工作中，培养学员对自己的“相信”。有点拗口，但实际上是指状态在影响状态。让学员相信培训师和其传递的东西是一致的、可靠的，更是身心合一的。

状态调整好了，接下来就是演示了，我以“A+ 教练领导力”课程为例介绍现场演示的过程。

准备演示

开始前，先邀请学员参与此次演示，可以结合培训中的小激励来鼓励大家自愿参与演示，最好有 2 ~ 3 位备选学员。演示务必使用真实话题，因为角色扮演或虚拟一个话题很难产生真实效果，在报名的学员所提的话题中选择比较适合此次演示的话题。与学员确定其话题是可以公开在全班面前深入沟通的，也感谢他对此次大家学习的贡献。

演示过程中对受众也是有要求的，一是保持聆听，过程中哪怕学员谈的工作话题与受众不相关，也邀请大家保持安静地聆听；二是布置任务给受众，在聆听演示的过程中，记录和识别与所演示的教学内容相关的细节，如有哪些关键点呈现出来了？接受演示练习的学员发生了什么变化？如果是你来做，你会怎么做？

演示过程

每次演示都是一次不一样的体验，因为每个人遇到的问题都不一样，除了提前设计的演示流程，还需要保持一定的灵活性和定力。演示过程可能有不同状况出现，一切顺利当然最好；可能有其他学员的打断、给建议、窃窃私语、哄堂大笑等，这时需要得到演示学员的许可，暂停一下，与受众达成一致再继续，这个环节如果在准备环节与演示学员和受众提前沟通下会更好；也有可能演示学员没有打开或者带着完成演示任务就好的状态，则演示很难深入下去，如果觉察到了这种状态需要提醒，这是一次大家共同学习的机会，邀请他回到当下的状态，或者换个话题等；也有可能学员的话题太难，培训师为了现场出效果，用了其他技巧，超出所教学内容的范畴，结束时一定要给学员清晰地说明；尽量在所教学内容范围内帮助学员解决问题，哪怕失败了，也坦诚地给学员说明，切忌怪罪演示学员，聚焦未来可以做得好的部分，让大家在失败经验中学习。大师也会失败，把它作为学习的机会。

演示反馈

演示结束后，先邀请演示学员来总结刚才的收获。例如，我每次做教练演示，学员都会提到，刚才的过程解决了他的某某问题，让他思路更清晰了，这是对演示内容和效果的反馈；还需要邀请他对演示流程或过程做反馈，通过这次演示的教学内容，你学到了什么、收获了什么，他可能反馈某个教练提问让他豁然开朗，思路打开了，这也是让所有学员学到的重点部分。

接着邀请受众学员反馈：大家听到了什么？观察到了什么？准备阶段布置的任务大家完成得怎么样？识别出了哪些教学内容被演示出来了？在哪些环节看到效果出现了？如果是你会怎么做？还有哪些疑惑的部分？每次教练演示，

都有用心的学员详细记录演示过程，如会有学员反馈：刚才教练问了 15 个问题，分别在某某层次上，在这个环节中，被教练者发生了转变。

最后培训师再做反馈，先反馈演示学员是如何支持大家学习的，再反馈大家已经听到了哪些部分，最后再把大家没听到的，或者还需要重点学习的，甚至自己还能做得更好的总结出来。演示本身对所有人来说都是学习和提升的过程，让大家看到效果是如何发生的，接下来练习就变得简单了。

以上是我“A+ 教练领导力”课程里的演示流程，如果你的课程也需要演示，你会怎么做呢？

有效练习的递进层次

大家都有学习骑自行车的经历，当时为什么想要学习骑自行车呢？又是如何一步一步地学会的？

可能是从一个挑战开始的，如果你的同学会骑自行车，他来你面前炫耀、挑战你，则你心里想我一定要学会它战胜他；也可能是从一个需求开始的，如果你上学的路途比较遥远，已经超过 10 千米，则学会骑自行车会让你上学的路上变得更轻松一点；也可能是从一个白日梦开始的，你看到高年级的师兄骑着自行车带着一个漂亮的小姐姐，你是不是也在幻想有一天……真正的学习是从好奇心开始的，当你有了需求，又看到了学会这项技能可以为未来带来更多的可能性时，你更有动力迈出学习的这一步。教练式教学法的体验和演示环节，就是满足了这个好奇心。

接下来就是要通过练习，一步一步地学会骑自行车了，看书听讲是学不会的。不管是学骑自行车还是学习游泳，第一步都是要先克服某种恐惧，面对可能到来的失败的恐惧。已经会骑的人告诉你：只要骑上去就好了。这句话听着很简单，但你就是不敢开始，这时如果有一个导师在旁边帮扶一下，你会更容易开始。

记得我是小学六年级开始学骑自行车的，已经是周围伙伴里比较晚的，当时很羞涩地找了一个“小师傅”教我。当我怀揣忐忑的心情骑上自行车时，发现车的方向完全不受我控制，东倒西歪，车的把手晃来晃去，很难掌控。这时小师傅上场了：“没事，我在后面扶着呢，手不要用力掰，放松就好了，顺着方向来。”小师傅的指点果然有效，再加上他在后面扶着车后座，在这种安全感的帮助下，我慢慢学会了掌握方向。

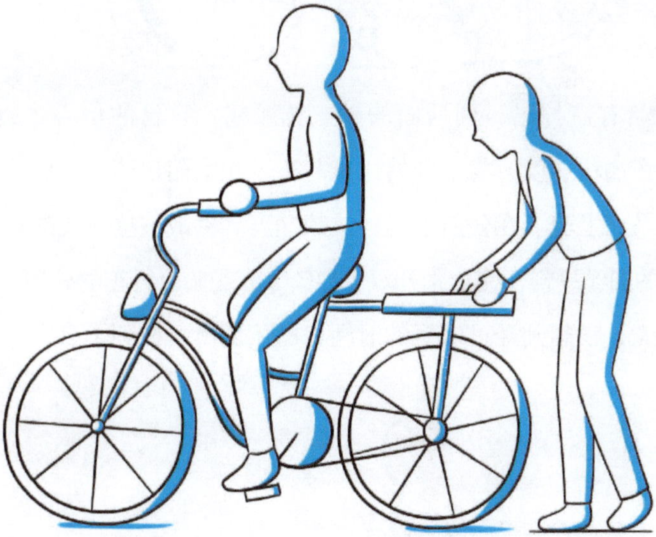

“哎哎，怎么……怎么……又晃了？”直接摔倒在地上。原来小师傅使了个坏，看到我慢慢骑得顺了一点，就把手松开了，结果我的方向没有把握好，一紧张手就变得僵硬，摔倒了。“谁没摔过呀？我以前也摔了好几次。”小师傅在分享他的经验。确实，当体验了摔倒的经历后，反而克服了对摔倒的恐惧，因为已经完全亲身体验过了，其实也没那么可怕。后来再练习时会想：没有人在后面帮扶，自己怎么骑得更好，算是刻意练习吧。

从一开始有点拧巴，到后面的越来越顺畅，自己的信心也越发充足了。这时开始故意加快速度，与小师傅比试起来。在家门口骑、在田地里骑、在小河边骑、在马路上骑、在公路上骑；挑战速度、挑战坡度、挑战难度；直到后面像高年级的同学一样，完全张开双手地骑，享受骑自行车的乐趣，享受清风迎面拂过的感觉，没想到经过短短的时间我已从恐惧切换到了自由飞翔的状态。

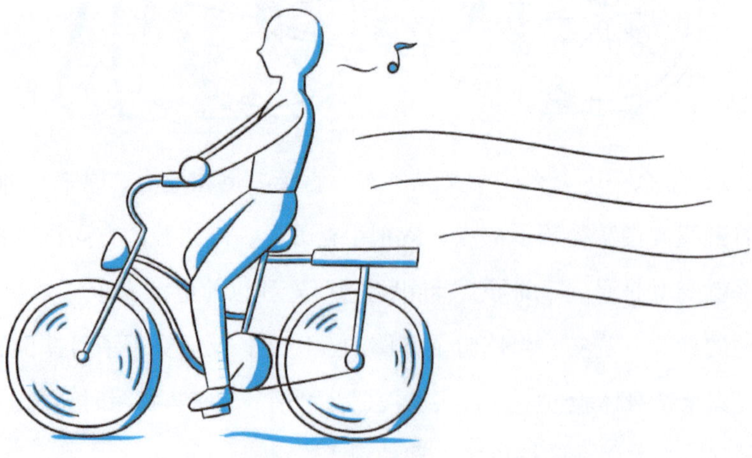

看到的知识会渐渐忘记，学到的技能会持续存在，哪怕现在骑自行车的机会少了，多年后还能骑得很好。教练型培训师用体验和演示环节引起了学员

的兴趣和渴望，还需要再帮扶学员一把，帮助他将学到的转化为自己的能力。设计有层次的练习是必要的，因为要在实践中学习。

简单地开始

从学习骑自行车的经历可以看出，练习的开始需要克服一点小恐惧。从最简单的步骤开始，不能期待刚开始学骑自行车就能放开双手，先从掌握方向开始。例如，我在训练管理者激发新生代员工的能力时，很多管理者肯定很期待能有一个万能钥匙的工具模型，帮助他们搞定员工。实际上是不可能有万能钥匙的，不过确实有几个有效的模型，但是不能直接把这些模型给到管理者，再好的模型在不同的人手里起到的效果不一样，很有可能让员工感觉到你在套路他。在使用工具前，需要先具备聆听员工意图的能力，当你明白员工的真正想法后，再真诚地站在想要支持员工的角度使用合适的工具才是有效的，“真诚地”是前提，别让“搞定员工”的套路感太明显。所以简单的练习，就是从聆听员工的意图开始，而不是直接练习系统模型。

有层次地练习

培训师设计练习的结构需要有层次感，“点—线—面—体”逐步深入，慢慢让学员融入一个系统的框架中。例如，对于本书的结构设计，大家可能看到的是从“教练型培训师”这个点开始的，包括什么是教练型培训师，有哪些关键点和价值点；再到学习转化之环，它是一条教学设计的线，从体验开始到应用结束，每次教学都用这条线来设计。教学是单独存在的一条线吗？当然不是，后面我还会提到，成果导向的培训是什么样的，在这个面上怎么满足更多方的需求，如何看整体的培训这个面。之后会介绍一个登山模型。最后，还会探讨升级培训师的价值、整个培训行业的价值。教练辅导可能只是一种干预手段，而知道怎么设计综合的项目，结合业务场景，提供真正有价值的服务，才能帮助这个“体”更有价值。

大家一起玩

本书的结构也是“成为教练型培训师”培训项目的结构，课程训练部分的练习设计，也遵循上面提到的“点—线—面—体”，帮助培训师由浅入深，娱乐化地掌握教练的技能。这里提到了娱乐性也很重要，就像去问一个 3 岁小孩怎么会玩 iPad 一样，他不会告诉你方法，只要给他玩就好了。在教学中玩起来，不知不觉就会掌握各种技能。

可以激发学员们在练习中一起玩，团队的互相激发也是教练擅长的，学员是最好的老师，能起到很多意想不到的效果。我一般都会根据不同练习环节来设置不同的练习小组，如 2 ～ 6 人小组，让大家为练习中的成功和失败命名或者做个庆祝动作。当练习完了，不管失败和成功都庆祝一下，感谢这次练习提供的学习机会。

简单地开始、有层次地练习、大家一起玩，会让学员养成使用新能力的习惯。玩的过程中记得再设计一个层次，需要让大家留意一些技能信号，如哪些技能是起作用的，哪些是还可以提升的，这也为下一步的反馈和帮助学员更好地做到打好了基础。

练习就是在实践中学习，任何艺术家都是在实践中学习的，看书是不可能学会拉小提琴的。我们都是艺术家，学员更是，我们在一起提高艺术上的造诣，通过有效有层次的递进练习，让我们成为能力的创造者，让能力开出更多花。能力具备了艺术性，是毫无痕迹的能力。与大师们一样，你无意识下已经在展现能力了，这本身就是艺术，因为人人都是艺术家。

如何做教练式的反馈

比尔·盖茨在 TED 上有以下一段演讲。

每一个人都需要一位教练。无论你是篮球运动员、网球运动员、体操选

手，还是打桥牌的，都需要能给我们反馈信息的人。这是我们不断自我发展的方式。遗憾的是，有一群人几乎收不到系统化的反馈信息来提高他们的工作效率，而这一群人从事着世界上最重要的职业之一，我指的就是教师们。当 Melinda 和我了解到大部分教师得到的有用的反馈有多么少时，我们惊呆了。直到最近，超过 98% 的教师得到的反馈只包含一个词：满意。如果我的桥牌教练只跟我说我的表现"令人满意"，我永远也不可能变得更好。

我怎么知道谁是最好的？我怎么知道什么事我做的和别人不一样？现在，各个校区都在改进评估教师的方式，但是我们仍给他们很少能够提高他们工作水平的反馈信息。我们的教师应该受到更好的对待。今天我们在用的系统对他们不公平。因此，今天我想讲讲我们如何能帮助所有的教师获得他们想要而且值得获得的提高自己的工具。

我们来看看学业上表现最好的地区：中国的上海。上海在阅读、数学及科学等方面的排名都是第 1 名，而上海能有这种令人惊讶的成功的关键之一就在于提供帮助教师不断自我发展的方式。他们确保年轻的教师有机会看到资深教师授课。他们每周都有让教师聚在一起并讨论哪些教学方法比较有用的学习会。他们甚至要求每位教师观察他的同事并给他们反馈信息。

我们的基金会和全国各个校区的 3 000 多名教师合作开展了一个叫"有效教育方式"的项目。我们派遣观察员观看教师在教学中的录像并且评估他们所做的一系列事情。举例来说，他们有没有问学生具有挑战性的问题？他们有没有找到多种方式来解释一个概念？我们也让学生做包含如"你的老师是否知道整个班级同学听懂了一堂课？""你是否学会了改正错误？"等问题的问卷。

结果令我们非常惊喜。首先，在这些评测中表现很好的教师所教出来的学生也更好。这说明我们问的问题是对的。其次，参与这个项目的教师告诉我们这些录像，以及向学生发放的调查问卷是非常有用的诊断工具，因为它们指明了教师们能够改进的具体环节。

我们希望有一天全美的教师评估都可以是这样的，但我们还有很多事要

做。梳理出一位教师在什么地方需要改进只是战斗的一半。我们还要给他们能让他们基于诊断结果采取措施的工具。如果你知道你要提高自己教分数的方式，你应该可以看一段世上最好的人教分数的视频。

从这段来自实践的演讲中，可以学到，人在自我发展过程中需要不断地得到反馈和自我精进。相信每个人都希望知道“我做得怎么样？”“做得好的是什么样的？”“我怎么才能做得更好？”等等。如果人们总是得到“做得还不错！”的反馈，确实很难进步！

“上海的年轻教师们会看资深教师的授课”，这就像我们学习转化之环的“演示”部分，资深教师的演示让年轻教师看到标杆，会有更清晰的方向；“观察员观看教师在教学中的录像并且评估”，教师的教学是“练习”，观察和评估则是“反馈”，反馈的重点是客观地看到刚才做得怎么样；“基于诊断结果采取措施的工具”则是反馈后的行动，即怎么才能做得更好。

“有效教育方式”与教练式教学理念高度一致，反观到我们作为培训师，怎么通过教练的方式帮助学员练习后反馈呢？3个重点：看到自己、积极反馈、做得更好，但具体如何操作？以下具体介绍。

看到自己

大家会每天照镜子吗？做培训前总要整理一下自己的仪容仪表，每天也会关注自己脸色怎么样、发型如何、胖了还是瘦了、衣服还得体吗、老了没有等。越看越自信就对了。教练式的反馈就是照镜子，培训中，让学员看到自己刚才练习的方方面面，如实反映。

首先来看看镜子本身，哈哈镜面前看到的是扭曲的身体，胖瘦也好、发型也好、着装也好，实际上看不到真相，只能哈哈一笑而已，培训的现场不能只有哈哈一笑的形式，更重要的是内容的转化。如果镜子本身有问题，则很难真实反馈或基于事实反馈，越是平的镜面越能看到客观现实。谁可以做这面镜子？学员、助教和培训师都可以，先邀请观察者们扮演一面平静的镜子，不代入自己的观点和判断，只要反馈刚才练习的过程即可。

再来看反馈的过程，以我做教练训练课程为例。如果我安排学员做 1∶1 教练练习，一般会有 3 个角色：教练、客户、观察者。这 3 个角色是大家轮流做，每个人都有一次机会在不同视角体验。观察者担任反馈的角色，重点在观察和记录。观察前面两位是不是持续在练习的正轨上，如果开小差了需要及时提醒和修正；记录并识别关键因素，如在练习的过程中，注意有哪些信号或证据能证明学员做到了，并记录关键信息，如果条件允许也可以用录音或视频来记录。

保持正轨和记录关键信息是最基础的反馈，在培训现场，也真的有学员经常会脱离练习的轨道，如我在培训中邀请大家练习“故事心电图”，大家比较容易被其他学员的故事吸引，还要插上一脚，可能逐步演变为八卦会和讨论会，要提醒观察员及时修正。记录的过程是复述和回放的过程，也是在训练学员的聆听能力，如果大家都能做到尊重地聆听和反馈，会让课程变得更有用。培训师和助教要以身作则地先做到，在培训现场到各小组轮流观察和记录。在反馈时可以综合助教的信息一起反馈，也可以邀请助教来反馈，让学员感觉到被尊重和重视，并从不同视角清晰地看到自己。

积极反馈

曾经看到这样一个实验，在一群保龄球学员中给予不同反馈，以观察产生的不同结果。同样的保龄球课程，同属一个教练，教学的方法和练习的内容也是一致的，都学习了有效的保龄球打法。训练课程结束后，把学员分成两组，分别进行练习并录像。结束后，一组学员只看到了自己表现好的画面，另一组只看到了自己表现差的画面。在后续的观察中明显发现，那一组只看到自己表现好的学员比其他学员进步更快。

以上是很有意思的实验。人们越是看到自己成功的努力，越会对自己有更高的期待；换句话说，人们越是看到自己有能力完成任务，越会有信心做得更好；当人们越积极地看待事情的发展时，越能看到更多可能性。

所以，当观察员和培训师记录了练习的关键信息和信号后，需要给练习的学员积极的反馈。例如，从在刚才的练习中，做得好的方面有哪些？具体做到了什么？有哪些信号证明，已经做到了教师演示的部分？练习者的状态是什么样的？这个状态如何支持练习的有效性？练习中最有效的是什么？起到了什么作用？等不同角度给予积极的反馈。还可以邀请练习者自己给予反馈，如刚刚自己做得好的方面有哪些？自己做到了哪些细节？状态如何？等等。当然，也要问问与练习者互动的另一位伙伴的反馈，如果是教练对话练习，就要问问被教练者的反馈；如果是销售技巧练习，就要问问客户的反馈。

在日常的实际操作中，现场学员一般会分成若干练习小组，小组多了，很难逐一进行反馈，除非安排了桌面助教，一般情况下我会先让学员之间进行互相反馈，这时一定要提醒大家：从积极反馈开始。也可以给每个练习小组分发便利贴，把做得好的用关键词做记录，贴到培训师准备好的积极反馈墙上，每个小组指定一位伙伴进行公开反馈。公开地积极反馈更能激发学员的动力，一是让大家互相看到还是有不少学员做得很好的，对学习本身更有信心；二是在公开场合被激励后，学员会更投入接下来的练习中。

做得更好

小明高高兴兴地拿着考了 98 分的试卷回家向老爸领赏，考了高分肯定希望获得认可。爸爸的反馈是“考得还不错，怎么就差 2 分了，可惜了，下次注意点，考 100 分。”小明瞬间情绪低落，灰溜溜地走了。下一次，小明经过不懈努力，终于考了 100 分，急盼爸爸的肯定，得到的是 :“爸爸就说你能考 100 分吧，不能骄傲，下次一定要继续保持！”小明……

“做得不错，但是……”这是我们常说的“Yes…But…”模式，在教练的语境里，更提倡使用“Yes…And…”

But 模式里可能有以下反馈，大家感受一下：

1. 猪脑子！怎么都教不会！

2. 你们这些年轻人啊！唉！

3. 为什么这样做？谁教的？

4. 这个练习这样做不对？

5. 我已经教了好几遍了，怎么还……

6. 你看看人家小明……

得到反馈是人们期待的，但这样的反馈不是人们喜欢的，也会打击学员学习的信心，在成人教育里，甚至会带来很多冲突和抵制。

换一种 And 模式，再来感受一下：

1. 做得好的有以下几点，还可以更好的是……

2. 这次聆听做得很到位，假如还能再深入一点就完美了。

3. 我看到你做到了……如果再做到……就更好了。

4. 我看到你已经有了很好的亲和力，如果再能精准识别客户的需求就更容易完成销售了。

5. 你讲话非常干练和精准，如果能再带点关系连接就更好了。

6. 你前面的铺垫很到位，如果临门一脚再点一把火就更容易促成了。

以上这样的反馈既能让对方接受，还能帮助他看到盲点。积极的反馈和发展性的反馈，就是一盏明灯，照亮学员的盲点，扫去身后的阴影，让学员更容易觉察到下一步如何做才能做得更好，帮助他发展和进步。

有意思的是，But 模式是人们太习惯用的模式了，在现场练习中，有学员怎么都控制不住，总是喜欢指指点点，找别人不好的地方。这时要提醒他，用 And 模式，也可以在反馈前做好约定和示范，先给对方 3 个“Yes”，再给对方 3 个“And”，也可以用“Yes…And…”模式给这样的学员反馈：“感谢你能清晰地看到对方需要发展的地方，假如你能把你的建议用 And 模式包装一下，当成礼物送给他就更有力量了，谢谢。”教练式的反馈无处不在。

与积极反馈墙相对应，培训师提前准备好发展反馈墙，邀请大家把待发展的部分贴上来，每个练习小组指定学员分享，然后培训师来点评分享。一是让学员看到，大家都有共同需要提升的部分，抱团共同发展；二是让学员聚焦自己的发展项，在接下来的练习中有意识地调整和进步。

这就是教练式反馈，让学员“看到自己—积极反馈—做得更好”，就像比尔·盖茨说的，每个人都需要教练，教练式的反馈会让人们变得更好。作为培训师，你平时是怎么使用反馈的，现在又有什么新的觉察?

总结学员的收获并创造深入觉察

首先来学习一下德鲁克的反馈分析法，他长期使用以发现自己的优势，在其《21世纪的管理挑战》一书中有以下详细介绍。

我们只有一种办法了解我们的长处：反馈分析法。无论做出什么样的关键决策，采取什么关键措施，我们都要写下我们希望看到的结果。9～12个月以后，我们就可以将实际的结果与预期的结果进行对比。到现在为止，我采用这个方法已经有15～20年了。每一次对比都使我大吃一惊。每一个采用这个方法的人也有同感。

对比实际结果与预期结果的日常反馈机制坚定了他们的立场，使他们能够将注意力集中在绩效和结果上。在绩效和结果的基础上，他们就能专心致志地在工作上取得优异成绩，并争取让各方面都感到满意。

在相当短的时间内，也许在两三年内，首先，通过这个简单的程序，人们就可以发现他们的优势。要了解自己，这可能是最重要的事情了。通过这个程序，人们也可以看到，哪些他们做过或没有做过的事情妨碍他们充分发挥他们的优势。通过这个程序，人们还可以了解到哪些工作是他们尤其不能胜任的。最后，通过这个程序，人们可以认知到他们不具有优势或不能涉猎的领域。

常常庆幸自己读到德鲁克的反馈分析法，并且能从中受益。总结来看，当对真实的反馈进行分析时，可以得到更多收获和觉察：哪些是做得好的？哪些是还可以做得更好的？哪些是我做不了的？哪些需要其他资源的支持？哪些是未来要更加关注的？哪些是可以授权他人去做的？等等。而这样的方法与教练的核心能力“创建觉察”如出一辙。

国际教练联合会（ICF）对创建觉察有如下描述：教练有能力整合和准确地评估多种来源的信息，去解读和帮助客户获得觉察，从而实现约定的目标成果；对这项能力有清晰的考核标准，以识别教练是不是真正帮助客户创造觉察。

✓ 教练邀请客户在教练环节中表述和/或探索他对处境的学习（关于“什么”）。

✓ 教练邀请客户在教练环节中表述和/或探索他对自己的学习（关于“谁”）。

✓ 教练分享他看到的客户和/或客户的处境，寻求客户的反馈或探索。

✓ 教练邀请客户考虑如何运用从教练中学来的新认知。

✓ 教练的问题、直觉和观察潜在地使客户创造新认知。

为什么在这一节要分享反馈分析法和创建觉察呢？之前探讨了教练型培训师如何在练习后做反馈，以及反馈后是否帮助学员创造了从内到外的觉察，并使之持续发展和提升。这是学习转化之环中“总结”的重点。既然是用教练的方法做培训，就要多了解教练有哪些更有效的帮助他人发展的理念。当我把更多教练的理念用在培训中时，在学员身上产生的效果有时会令我惊讶。接下来我会把创建觉察的 5 个标准与培训的应用结合在一起，一一对应，帮助培训师理解如何做好“总结”。

1．教练型培训师邀请学员在练习的反馈后探索他学习到了什么。

当在培训中做完反馈后，可以用友好的、好奇的、开放式的提问邀请学员进一步思考，他们通过练习学到了什么。“什么”是关于学习本身的，这个学习包含培训师讲授的内容、练习中的新发现、一个顿悟、一个新的观察、重要的发现、新的思考、新的连接等，涵盖各种形式的学习收获。

例如，在上“故事心电图”的培训课时，在大家练习之后，我会这样问：

“通过刚才的练习反馈，大家对讲故事有什么新的发现？”

“通过练习，你学到了什么新的内容？”

“听了其他伙伴的故事后，你从他们那里学到了什么？”

“你对‘故事心电图’这个工具又有什么新的认识？”

“你在讲故事这个事情的认知上有哪些变化？”

通过提问，让大家继续探索学习和收获，从学员的互动中，培训师和学员又会抽离出来思考这次学习，产生更全局的深入觉察。

2. 教练型培训师邀请学员在练习的反馈后探索他关于自己的学习。

这里的“自己”是与上一能力的“什么”相对应的，一个是关于“谁”，一个关于“什么”。教练的核心在于辅导人，通过辅导人来完成目标或提升能力，所以在了解了“什么”之后再深入到“谁”的层次，创造更深入的觉察。当学员清晰地认识了自己时，事情就变得简单了。

所以，教练型培训师会提问学员关于自身的学习收获，“谁”的层面包含学员的担心、信念、优势、喜好、视角、价值观、经历、原则、情感、态度等。在练习中，教练型培训师会问在这些学习收获中，有哪些重要发现或新的思考，并且是如何影响今天学习的内容的。

再回到“故事心电图”的培训课上，我会这样问：

“你在刚才讲故事的练习中，对自己有哪些新的认识？”

“你在讲故事的过程中，你的情绪有哪些变化？”

“这些变化，对你讲好一个故事有什么影响？”

“这对你以后再讲故事有哪些新的启发？”

“讲好故事对你作为一个领导者有什么价值？”

“你在练习中，发现自己有哪些优势？”

“还有哪些方面是你今后需要突破的？”

教练型培训师会在很多环节通过提问来帮助学员觉察和反思，觉察越深入到内在，越容易产生突破性发展，越清晰下一步怎样做才能变得更好。

3. 教练型培训师分享他看到的关于学员的“什么”和“谁”的部分，与学员深入反馈或探索。

前面两个能力是通过提问来让学员产生觉察的，这个部分需要培训师分享自己看到的学员的盲点且寻求学员的回应，可以与学员分享上述“什么”的“谁”的两个部分。需要注意的是，这个分享不是表扬也不是批评，更不是把培训师自己的喜好和判断表述给学员，这是培训中的大忌。而是把培训师注意到的回放给学员，涉及培训师的措辞、情商、反应等，还考验培训师的回应能力。回放后得到学员的反馈，才能为进一步的深入探索铺好路。

可以用以下类似的方式回放给学员：

“我看到你在讲自己的故事过程中，很自如地回应了受众的疑问，还能让故事很流畅地讲下去，你是怎么做到的？”

“我看到你的小组成员向你反馈时，你低头不语了几秒，是这样吗？”

“能告诉我在那个时间段里，你有了哪些思考呢？”

“这些思考让你有了哪些新的认识？”

“我发现你有一个优势，反应敏捷且思路清晰，是这样吗？”

教练型培训师通常站在观察者的视角，容易看到学员看不到的盲点，有时轻轻地点拨就能产生很好的效果。在一次教练对话的练习上，我听到有一个小组成员在练习反馈后，双方都感觉对话没起到作用。我看了观察员的记录，发现了一个模式：扮演教练角色的学员很喜欢问“为什么这样想？”这样的提问其实给对方很大压力，不敢深入想，怕被教练挑战。我把这个模式回放给那名教练：“我发现你在客户思考时，有 3 次都在追问对方为什么这样想，是这样吗？”在对方肯定后，继续问：“假如有人这样追问你，你会怎么回应？”对方笑了一下，我接着问：“我们换一个问法能更聚焦在成果上，你会怎么问？”这名教练马上觉察到了，在接下来的练习中重新回到了正轨上。课后向我反馈那个点拨让他豁然开朗，看到了自己的提问模式有问题，马上就知道怎么调整了，这就是教练式培训的魅力。

4. 教练型培训师邀请学员思考如何运用从练习反馈中学来的新认知。

这个部分非常好理解，在了解了深入觉察的基础上，培训师邀请学员思考如何应用新认知，或者拓展它的适用范围。例如，学员发现从讲故事的练习中学到了“自信自如”很重要，能让故事讲得更好，则可以继续探索“自信自如”还能帮到在工作和生活中的哪些方面：与老板沟通？面对挫折和挑战？应对高压的环境？等等。让学员意识到今天的学习收获有哪些更广泛的应用空间，而不只停留在今天的课堂上。

可以这样来提问：

“我发现大家今天有了很多新的觉察，这些觉察对今天的学习有什么帮助？”

“这些觉察会让你产生下一步的哪些行动？”

“这些觉察还能应用在工作生活的哪些方面？”

5. 教练型培训师的观察和提问能让学员产生新的觉察。

这也是区别教练式培训与传统灌输式培训不一样的部分，传统的培训会带来新知识，但并不代表新知识就会产生新认知。这一点也是希望提醒教练型培训师们，需要做到通过自身的影响，让学员产生从内到外的变化，提升和拓宽认知的维度，而不仅仅是补充知识的信息。启发学员总结收获和创建深入觉察是教练型培训师的核心能力，在培训中多加应用，灵活应用，会发现更多价值点。

当人们每天晚上回到家时，不会打开所有灯，而是先打开门厅和客厅的灯，这会照亮人们当前的视角。培训中，有时学员的视角就停留在客厅的灯光下，躺在沙发上玩手机，局限于此，对这个房间既熟悉又陌生，对这个房间里的家人和孩子也缺少关注。教练的作用是帮助学员打开更多灯，帮助他看到书房里孩子在做作业，需要爸爸的关注；老人马上要休息了，希望儿子能过来关心一下，哪怕说两句话就安心了……

当教练型培训师通过启发式提问帮助学员打开更多灯时，学员会拥有更广阔的视角，发现更多盲点。灯越多，盲点越少，学员的成长和转变在这个点上就加速了，这是教练型培训师的使命，一起努力。

看到这里，你对培训师的总结能力又有哪些新的认知呢？

将学以致用进行到底

先思考以下几个问题：

✓ 只学不用会怎么样？

✓ 你学过最有用的方法是什么？

✓ 为什么你觉得它有用？

✓ 用到了哪些方面？

✓ 你学过最没用的方法是什么？

✓ 为什么觉得它没用？

✓ 有没有可能重新让它变有用？

只学不用，学员可能觉得学的东西没用，培训师教的没用，久而久之，培训无用论成了大家谈笑的话题。输入了大量信息，甚至有了从内到外的深入觉察，如果没有用武之地，很快就排出脑外，或者原地爆炸了。

要让培训有用，培训的前中后都需要与应用同步。教练型培训师要让学习和应用的场景共舞，哪怕一开始不顺，但之后舞步则会越来越轻盈。

以痛点场景为应用基础

调研是培训师们擅长的，可以更好地了解学员的真实需求，把需求分类整理，变成学员共同关注的痛点，以期待在课堂上得到解决。所以培训结束后，培训师要问自己，你的课程设计解决这些问题了吗？还是只把调研作为培训前的亲和连接？又或者仅为了得到培训中的案例？

有很多做法可以帮助学员解决问题，通常我会把调研梳理的案例与学员的上级进行确认，从不同角度看这些痛点背后真正要解决的是什么，并把这些痛点包装成案例，或者用场景化的描述在培训现场呈现出来。

例如，在做“A+ 教练领导力”项目时，学员有以下痛点场景：

当员工跟我谈升职加薪时，我不知道怎么谈下去？

当老员工不愿主动承担更多工作还对新人指指点点时，怎么办？

当员工的交付成果总是与我的预期不一致时，怎么才能更好地引导他？

当大家对公司下达的目标任务不认同时，我怎么让大家有个共识？

当有些员工的项目周期一拖再拖，又有种种借口时，我是换人还是帮他？

当我忙死忙活累成狗，员工反倒准时下班没有责任心时，怎么转变？

……

你会发现很多有意思的场景，这些场景通俗易懂且很容易使学员产生共鸣，我会在培训现场把这些场景分给每个小组。在培训开始时让大家意识到，学习“A+ 教练领导力”是为了让自己游刃有余地带团队。场景会把学员包括进去，在过程中有意识地练习和应用，结束了还要展示成果。

得到这些场景的第一步在于，培训师能不能对自己的课程“动刀子”。最近两年，我的“A+ 教练领导力”课程越来越受欢迎，原因就在于灵活地“动刀子”。传统的教练培训非常专业，流程也很长，初衷是很好的，希望学员能系统地掌握教练的工具和方法。但实际上管理者不是这么想的，他们虽然希望能系统掌握，但是由于太专业，反而变成了前端体验不友好，不易于管理者接受。

有一个 CEO 级别的学员说过：“教练式管理是十八般武艺的一种，管理者需要掌握不同的武艺。面对现在的年轻人，一招鲜不能吃遍天了。教练式管理是一种新的武艺，以前我们不会的，现在要学习和使用它，这样才能在面对不同的员工时，更灵活地发挥自己的领导能力。”学习教练的最终目的还是怎么使用它，管理者不需要像专业教练一样辅导员工，他们的目的是怎样将教练的方式方法融入自己的管理场景中，帮助自己的管理做得更好。所以，这两年，我把“A+ 教练领导力”课程的场景化做得越来越有共鸣，自然学员更欢迎，自己也越来越有成就感。

当你带着足够的信心和诚意来到课堂上，把痛点场景分发给学员，并在课程进行过程中随时保持与学员的互动时，学员就会在这些场景中与学习共舞。在过程中引导：今天学的方法，怎么用在这些场景里？邀请学员就像打扑克一样，每学到一个新的教练工具，就去痛点池里走一走，看看哪些可以被捞起来了。在课程的最后，邀请学员用这个模式来展示成果：

当员工跟我谈升职加薪时，我会这样谈……

当老员工不愿主动承担更多工作还对新人指指点点时，我会这样激发他……

当员工的交付成果总是与我的预期不一致时，我会这样引导他……

当大家对公司下达的目标任务不认同时，我会通过……让大家达成共识。

当有些员工的项目周期一拖再拖，又有种种借口时，我能这样帮他……

当我忙死忙活累成狗，员工反倒准时下班没有责任心时，我会这样让转变发生……

把之前的所有疑惑，用学习到的工具方法进行组合应对。如果有一天学员给你反馈：“老师，我感觉今天学习的内容就是为我们设计的，太有用了，谢谢！”那时候你什么感觉？你已经将学以致用进行到底了。

以工具方法为应用基础

不过有时候不会按照培训师的设想顺利进行下去，有的业务部门不让你或没时间做调研，甚至因培训部门的影响力比较小，安排不了调研，希望培训师能自信地把“A+ 教练领导力”课程讲好，让学员感觉到有价值就可以了。

这时的培训变成以你自己教学的内容为起点，进行场景应用，既可以在现场调研，也可以在教学中把应用进行到底。

再举个例子，平衡轮是教练们经常用到的工具，没有用到实处的学员反映这个东西这么简单没什么用，用得好的学员会一直使用下去，这与培训师本身有很大关系。

还记得创建觉察的第 4 个标准吗："教练型培训师邀请学员思考如何运用从练习反馈中学来的新认知。"

在体验—演示—练习—反馈—总结后，我是这样安排平衡轮的应用的："刚才我们练习了平衡轮在个人目标规划上的使用，大家觉得还有哪些管理场景可以使用平衡轮？"之前学员练习了"目标规划平衡轮"，我会让大家继续探索更多的应用场景，提前打印出来 9 个平衡轮，下面标上"_______ 平衡轮"，如图 5-1 所示，让学员用想到的应用场景对平衡轮命名。

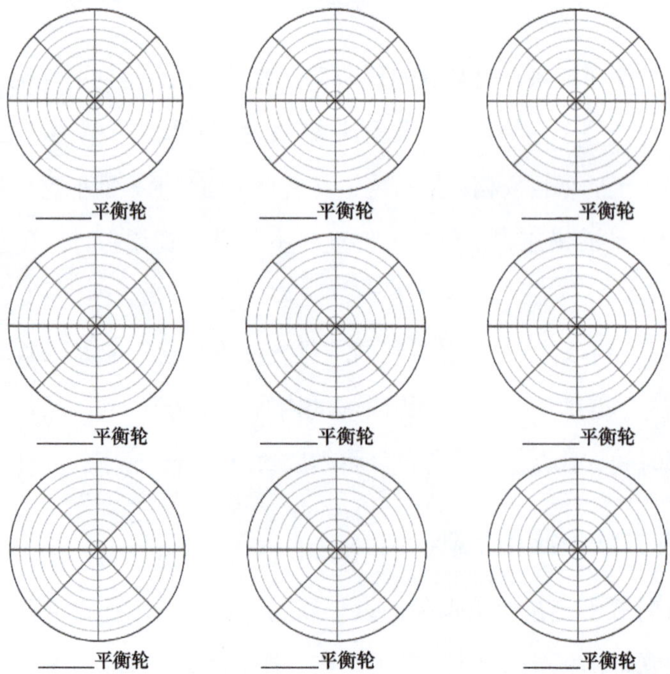

图 5-1　9 个 _______ 平衡轮

最终的产出会让你眼前一亮，学员总是找到比预期要多的应用场景：市场活动平衡轮、目标客户平衡轮、开发新客户平衡轮、维护老客户平衡轮、激活渠道平衡轮、员工培训平衡轮、产品研发平衡轮、产品交付平衡轮、项目管理平衡轮、财务预算平衡轮、人员招聘平衡轮、亲子教育平衡轮、家人旅游平衡轮……

接下来，邀请每组选一个与工作相关、与大家都相关的话题，再进行平衡轮的完整使用练习，大家很快融入自己感兴趣的应用场景，也让这个工具活了起来。在一次培训结束后的当天晚上，一个学员发微信给我，很感动地说：“大象教练，我今天把平衡轮用在了跟儿子的沟通上，这是刚才我们对话的记录和平衡轮的梳理（因涉及隐私，此处不做展示），非常感谢，很感动，这么久以来，第一次跟儿子能对话足足 1 小时，谢谢！”

这就是应用的价值，任何理念、工具、方法都有它的可用之处。如果培训师准备了很多理念、工具和方法，而最后大家都不用岂不可惜。当学员开始使用某个工具和方法时，它们的价值就被看到了，学员会更有兴趣和信心再用下去。所以不能指望学员都在培训结束后去使用所教的工具和方法，而是在培训现场就让学员产生应用的兴趣和信心。

设计有转化力量的课程

本书来自我的课程，书和课程均为“点—线—面—体”的逐层深入结构。教练式教学的“创造体验”部分包含故事、隐喻、游戏、提问等“点”；而“学习转化之环”的“体验—演示—练习—反馈—总结—应用”是那条“线”，帮助学员把一个知识转化为自己的能力；“面”和“体”则是如何全面设计一个完整的“有转化力量的课程”体验。

如何把前面的内容有机地整合成现场的教学？接下来介绍大象教练独创

的“登山模型”，本书最后一道“营养大餐”，会将教练式教学的精华部分汇流成河，是送给培训师们的礼物，包括我自己。每次课程开始前我都会用登山模型来设计完整过程，心中有山、胸有成竹、游刃有余、轻松转化，也期待各位培训师熟练使用并达到你想要的状态。

首先来看登山模型的全貌，“建立亲和—共识成果—高峰体验—转化沉淀—规划行动—激发应用”，如图 5-2 所示，学过专业教练的伙伴可能有似曾相识的感觉，这与 1∶1 教练的辅导过程异曲同工。1∶1 教练的辅导过程既然如此有效，则可以在现场教学中使用教练的辅导过程，这是我一直研究和提倡的，接下来逐一来看怎么应用好这个过程。

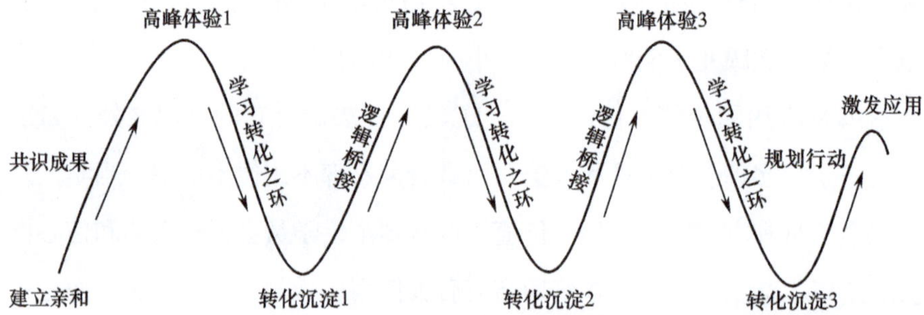

图 5-2　登山模型的全貌

建立亲和：建立积极的学习氛围

开个脑洞：

星球大战西斯武士和绝地武士的光剑没有电了，会怎么样？

也许只能空手搪架了。

人们离不开的手机如果没电了，会怎么样？

跟自己饿了没饭吃感觉差不多吧。

人们没饭吃、没有能量，会怎么样？

焦虑着急、六神无主。

学员和培训师的能量都很低，会怎么样？

课程进行不下去。

……

看如图 5-3 所示的这幅图。

图 5-3　一幅图

有人调侃，手机电量和 WiFi 信号填充了马斯洛需求理论的最低层次。借这个隐喻，每个学员和培训师都是一个能量来源，能量之间会互相影响和激发，当电量满格，连接在一起时，形成满格的 WiFi 信号场，在积极的氛围里高速运转起来，忘了时间的存在，这是向往的理想状态，一起创造它。

所以，在课程开始阶段，需要设计亲和连接的部分，这些元素会让学员很快建立亲和。

培训师的状态——为什么是这位培训师上今天的课程？他的专业度怎么样？风格是不是我喜欢的？在开始阶段，培训师需要有强有力的自我介绍，这个强有力不是自吹自擂，也不是造神运动，这会破坏亲和的感觉。强有力是指培训师的自信，你在今天的培训课题上的专业度，以及你是如何践行今天教学的内容的，这是你从内到外的延伸。

课程意图和逻辑清晰是学员的共同期待，他们希望开课前先了解今天到底讲什么、为什么来学。心里没底也会很快破坏亲和，对于你接下来安排的活动大家都会带着强烈的判断来审视，如果让学员小心翼翼地带点警觉的话，就很难深入体验了。课程的过程会如何开展，形式会怎么样也很重要，如讲得多？提问多？练习多？案例多？没有 PPT ？会用到哪些道具？等等。先了解全貌，再逐一展开，放心参与下去。

亲和大连接——人们常说要先破冰。仅破冰还不够，还要激发每个人的能量并让大家连接起来。我一直特别提倡，所有的活动都要与课程内容相关，哪怕是一个环节，否则会给学员形式大于内容的感觉。分享一个我的设计，在“A+ 教练领导力”课程中，很重要的是要教会管理者用提问的方式激发员工的动力和内在价值。在课程开始的亲和环节，我会准备好若干价值观词汇卡或愿景画面卡，让大家随机抽选。我先做个演示，与大家分享我看重什么，接着学员两两分享，再跨组分享，最后全班分享，并与我最初的分享连接到一起。这样做的理由，一是课程内容会越来越深入，先让大家有个感觉；二是价值观和动力本身就是正向表达，在课程的开始环节就建立正向基调，三是把大家和我连接起来，我们一起被积极的氛围包裹到一起，能量被激发起来了。培训师们有很多破冰的法宝，只要稍微向前进一步，与教学内容关联，并与学员关联，相信一定做得比我还有能量。

共识成果

通过教练型培训师的画像可以看到，他头上顶着“成果导向”，在教学过程中始终向成果牵引，但学员是不是认可这个成果？或者这些成果是不是学员想要的？达成共识是非常关键的一步。方向一致，后面的体验和转化都是对的；方向相左，一念之差，千差万别。

关于学习成果，可以从 3 个视角来看，战略、文化和运营，这也是这几年做培训，非常看重的几个相关方的需求。在专业教练领域，称为“利益相关者”，一场培训中，利益相关方不是只有一方，要关注各方情况。

战略方：

战略方代表着公司层面或高层领导。为什么要进行这场培训？公司的投入和产出能不能成正比？这个培训对公司有什么价值？公司希望通过这场培训让学员发生哪些积极转变？这场培训会不会有风险？特别是交给外部培训师，把我们带偏了怎么办？与高层提倡的是不是一致的？与我们的公司目标是不是一致的？战略方的视角会比较高，看重价值和结果。如果这场培训是战略方发起的，在培训前，需要做深入的了解。

文化方：

通常培训是由人力资源或培训部门发起的，这也是培训师们最直接接触到的部门，内训师就更置身其中了。他们希望看到的成果是什么？基于公司战略下的人才梯队建设？基于业务部门的调研需求？基于岗位职责或员工的关键技能？等等。人力资源部门通常更关注人，并与企业文化连接在一起，基于公司战略，建立一种更有支撑的文化风格，而培训恰恰是重要手段之一。为了提高在业务部门或战略方的影响力，希望每次培训都是成功且有价值的。培训师需要了解学员的风格背景和人力资源的需求，调整相应的课程设计和产出，至少让这场培训能帮助人力资源部门更有底气。

运营方：

运营方通常是指业务部门和学员本身，相对战略方，他们更关注当前更短期的目标和执行的部分。学习今天的内容对完成任务有什么用？这些是我平时遇到的问题吗？能解决我工作中的问题吗？这些理念和工具是不是比较容易掌握和上手？培训会不会太枯燥？公司又安排了培训，每年搞这么多培训，花了大量时间，有用吗？今天的培训师会有什么不同？看你怎么忽悠我们？等等，这些也反映了运营方和学员的部分心态。他们关注解决问题导向，人力资源关注能力提升导向，要做到以应用为主的培训，需要整合到一条生产线上。

共识通常需要不同见解的碰撞或共创，邀请学员描述他们对培训的期待，培训师要善于发现这些期待与课程内容的连接，并与战略方和文化方的需求相结合，通过应用案例、场景痛点或课程目标等方式将成果展现出来，在过程中随时与成果相牵引。生产的至高境界是定制化，让你的培训达到这个高境界。

设计高峰体验和转化沉淀

为什么设计成登山模型，必定是有起有伏，起的是高峰体验，伏的是转化沉淀。也就是说创造体验部分是高峰体验，学习转化部分是转化沉淀。这就像欣赏电影中主人翁经历的起起伏伏，故事冲突设计的每个点都让你的情绪随之起伏，在所有的体验最后，让你记住了某种珍贵，沉淀为一个意图或深意，最后你会为拍出这样电影的导演点赞。只有激烈场面你会说肤浅，只有讲道理你会说枯燥，人们就是这么贪婪，实属正常需要。人们就是会分泌多巴胺和内啡肽，谁不是呢？

我以“A+ 教练领导力”课程为例，与大家分享我是怎么设计这个过程的。要让学员知道什么是教练领导力，仅靠讲课即使培训师说得清，学员也未必弄得明白，要设计管理方式变化的强烈反差体验。我会让大家先体验传统管理者的工作模式，用一个游戏让学员参与进来，第一轮先看看以前大家都是怎么做管理的，过程中有哪些思维方式、习惯用语或优劣势等；接着我会给几个小贴士，让大家再来用教练的方式再体验一次，并体会这两者之间的差别，整个过程参与度很高，玩得很嗨；然后我会邀请一名学员来到我身边，做一个有力量的教练对话演示，邀请其他学员记录我是怎么做演示的，观察细节变化；成功演示完，让大家提炼我演示的工具方法，并分成小组尝试进行练习反馈，让所有学员自己亲自尝试一遍，发现有效的部分；最后大家输出到底什么是教练式管理，与传统管理有什么不一样，用学习转化之环从上山“高峰体验”到下山“转化沉淀”进行完，学员自己沉淀并完全明白教练式管理是什么，不到 1 小时的过程比讲师大量的讲授有效。

在课程中，不仅是连接知识点，而且要在设计时，用强有力的逻辑进行连接，如为什么先讲这个内容，再讲那个内容，它们的关系是什么。我习惯用意识—能力—工具—应用的逻辑来连接各个知识点，其他结构逻辑也同样可以，关键是培训师内在和展示出的逻辑要是一致的。

例如，当学员在我的课程中，充分理解什么是教练式管理后，在意识层面已经转化了，接下来就要提升具体教练能力了。如果在课程前一步的收尾中埋入了下一步的开始，这个桥接就会更加自然和顺畅。我会把演示的正确流程和工具方法呈现出来：看看哪个小组的提炼与标准流程是一致的？怎么才能把这个能力做到位呢？桥接完后，又一个高峰体验到转化沉淀的登山过程开始了……一个一个地有机桥接下去，变成课程中若干的体验和转化。很多时候，学员真的忘了时间，感觉一天很快就过去了，还带着大量的收获和成果离开，这个课程现场流动出的价值感和成就感，培训师一定体会得到。

度量转化程度与规划行动

课程的长短不同，体验到转化的环节也会有多有少。学员在每个知识点都有收获和成果，到最后，课程结束前，还有对整个课程的收获和成果总结，也就是对整个课程的转化沉淀。当然还需要迈出重要的一步，课程结束后，需要知道有哪些行动是建议的或必要的。

我的“A+ 教练领导力”课程逻辑是意识—能力—工具—应用，我会邀请学员相应地用这个逻辑做总结，让你的逻辑变成学员的逻辑，可以提问学员并让大家分组探讨。

意识——两天的课程中，我学到了哪些理念？我在对管理的认识上有什么变化？现在，我怎么看待教练式管理？通过两天的学习，我有什么新的发现？这与以前有什么不一样……

能力——通过两天的学习，我学习和提升了哪些能力？有哪些能力是教练式管理者需要具备的？为什么说这些能力重要？要达到这些能力的要求，重要的是什么？我已经做到了什么？有哪些是我的优势？有哪些是我以前做得好的？还有哪些是我接下来需要突破的……

工具——在两天的学习中，我学到了哪些具体的工具、方法和流程？这些工具是如何使用的？为什么这些工具是这样设计的？它们有效的部分是什么？这些工具之间有什么关联？如果可以创造一些新工具，会是什么？哪些工具、方法特别容易上手？还有哪些需要勤加练习……

应用——课程开始提到的成果部分，现在进展怎么样？有哪些问题已经得到解决了？还有哪些需要再交流一下？前面讨论的意识、能力和工具方法，以后怎么更好地使用它们？在哪些场景中去用？当什么发生的时候，我可以使用哪个工具？甚至，当什么发生的时候，我可以组合哪些工具来使用？接下来，我会先在哪里应用……

在学员总结完后，作为培训师，先反馈学员的总结，还需要做回顾总结、梳理整体大画面。虽然课程开始时已经有全貌讲解，但那时的体验还不深，所以当学员有了体验还能自己总结时，再把大画面梳理出来，有机整合成一个系统，对学员的学习更有价值。

在很多家庭，都有如图 5-4 所示的标尺。父母希望孩子快快长高，经常要去量一下长了几厘米，哪怕长高一点，都是欣喜的。教练也有这样一个工具：度量尺，量一量进展怎么样。

做完总结后，可以挑战一下学员，用这把度量尺度量一下目前学员的转化程度并开启下一步的行动计划。

我会这样挑战学员：

看起来大家对教练式的管理有了系统全面的认识，甚至有的管理者已经完全在教练状态了，非常值得鼓励！刚才大家也做了总结，对自己成为 A+ 教练领导者有了更多发现，接下来，我想挑战一下各位教练式管理者，通过这个挑战，大家也能学到一个新的工具——度量尺。

图 5-4　标尺

我们来打分，把我们这两天学习的内容都能熟练掌握，最终成为 A+ 教练领导者的有 10 分，你现在大概有几分？

你是怎么衡量自己目前已经到这个分数了？

你已经做到了什么？

有哪些是你擅长的？

你希望未来一个月提升到几分？

怎么衡量到那个分数了？

当实现那个分数时，对你和团队的价值是什么？

要到那个分数，需要做到什么？

要到那个分数，你接下来需要突破的是什么？

有哪些关键步骤会帮助你实现它?

下周，你会先做什么?

怎么确保做到呢?

度量尺的作用是看到现在的状态，清晰两天学习下来转化的程度，以及未来希望达成的，再列出行动计划和做出承诺。

把学员领进门再送一程，帮助学员从课堂上的学习过渡到现实工作、生活中的转化。如果你还能做1:1教练和团队教练，后续也可以安排更多跟进和支持，帮助业务部门绩效成果的转化、战略到执行的推进、组织文化的落地、项目成果的交付等，帮助组织发生更多积极转变，这就是希望培训师做到“点—线—面—体”中的“体”，不仅局限于授课，还要为组织带来更多支持和转变。

激发应用，优雅结尾

品红酒，观察酒体颜色，识别年份优劣；再轻轻摇一摇，鼻子贴近闻一闻香气，从浅层的果香到香料的味道再到储存的味道，3 ~ 4个层次非常吸引懂酒的你；尝一口，在口腔停留片刻，吸一口空气，混合打转，口腔各部分接触这琼浆玉液，满口香味充分调动味蕾，可以品出酸度、甜度、香气、酒精，平衡度、复杂度、层次感等，你可以为这款红酒打分了；咽下去后，这款酒的回味怎么样，也是衡量浓郁程度和红酒品质的一项重要指标。品质是可接受的还是非常好？你心知肚明，下次还会不会光顾？你自然会做出自己的选择。

这个过程就同培训的前中后一样：前有什么吸引力？中有没有难忘的体验？后有没有值得回味？决定了未来学员还会不会回到你的课堂上。最后的激发应用就是给学员留下一个回味，在课程中展现出的高价值基础上，培训师做一个优雅的收尾，学员带着动力离开。

在收尾的部分，培训师可以表达一下对学员的欣赏，如在课程推进的过程中，你观察到学员做了哪些对学习有价值的事情？有哪些闪光点或优良的品质展现出来？培训师回放和反馈给学员，欣赏并放大这种品质。

培训师可以反馈学员的进步，如学员从课程开始带着期待或初次尝试展现出来的状态，到最后课程结束时的状态，发生了哪些变化？这些变化体现了哪些进步？并期待这些进步持续带来哪些价值？等等，给予反馈。

培训师可以邀请学员之间反馈，如大家在培训课程中，从其他学员身上学到了什么？谁具体做了什么给予你学习上的支持？你从谁身上看到了什么好的品质？可以公开分享，也可以走到他身边，表达你的欣赏，互相反馈。

培训师可以再一次激发大家的内在动力，如本次的学习给你最大的启发是什么？今后如何应用到工作生活的其他方面？假如你持续保持这样的进步，你会有什么不同？这种进步带给你的价值是什么？积极的影响是什么？激发美好愿景的想象。

在高动力中结束课程，学习还会继续影响学员一段时间。余音绕梁，培训的余音也会持续产生影响，再加上后续的辅导跟进和扎实的实践，让每次学习更加落地。

教练辅导的过程是登山之旅，教练式的培训同样需要培训师设计课程体验的登山路径。至此，我把教练式教学法中创造体验的点、学习转化的线、设计课程的面都给大家一一讲解了并辅以自己的案例，培训师们可以细细体会并加以实践应用，先让自己的培训更有价值。如果还希望影响到组织的“体”，可以选择向教练升级迈进，在结语部分我会简单介绍教练的升级之路，未来还会写书与大家分享如何更好地做教练。

小　结

1. 转化认知到行动的教学逻辑：

体验—演示—练习—反馈—总结—应用。

2. 你能演示你所教学的内容吗？

准备演示—演示过程—演示反馈。

3. 有效练习的递进层次：

简单地开始—有层次地练习—大家一起玩。

4. 如何做教练式的反馈？

看到自己—积极反馈—做得更好。

5. 总结学员的收获并创造深入觉察。

反馈分析法、创建觉察的 5 个标准。

6. 将学以致用进行到底。

以痛点场景为应用基础、以工具方法为应用基础。

7. 设计有转化力量的课程：

建立亲和—共识成果—高峰体验—转化沉淀—规划行动—激发应用。

自我教练

1. 你在培训中怎样更好地做公开演示？

2. 你会在培训的练习中加入哪些好玩的元素？

3. 如何给予学员有力量的反馈？

4. 你今后怎样才能让学员产生新的觉察？

5. 请尝试把你课程的应用场景具体地列出来：

练习：画出登山逻辑线

以自己擅长的某门课程为例，用教练式教学法重新设计教学设计，将课程设计的关键点记录在如图 5-5 所示的登山逻辑线中。

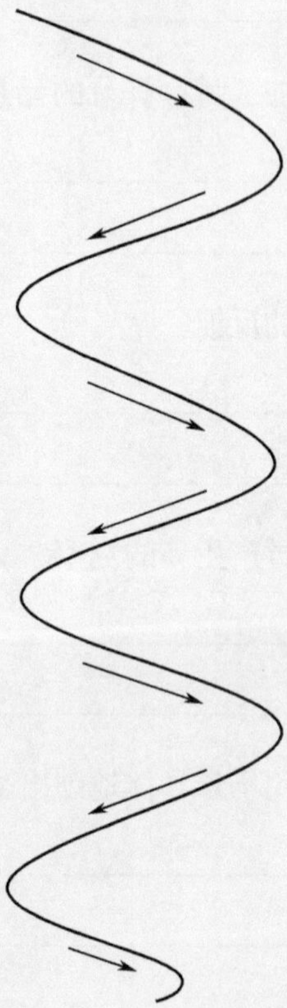

图 5-5　登山逻辑线

结　语

发展：你已经成为更有价值的培训师了吗

- 教练的升级成长路径
- 自我教练
- 相关联系信息

教练的升级成长路径

再来回顾一下什么是教练，国际教练联合会（ICF）定义教练为：通过一系列有力的提问激发客户，陪伴和支持客户经过一段有创造力的过程，达到其事业和生活上的成功。与传统教练最大的区别在于“教”的方式变了，教练不给答案，大部分沟通方式为提问。

教练来自英文“Coach”一词，英文原意是四轮大马车，当客户登上大马车时，谁在主导方向？马还是车夫？都不是，是客户。客户说我想去北京，大马车会陪伴和支持客户去他想去的地方，并不会建议他不要去北京去上海。

当提到教练的升级成长路径时，一般是指国际教练联合会（ICF）认证下的发展之路，ICF认证教练分别为ACC助理级教练、PCC专业级教练和MCC大师级教练。大师级教练是教练们向往的标杆和目标。

发展的过程一般分为学习、口试、实践、笔试4个部分。学习的部分ICF会授权培训机构完成；口试也可以在培训机构完成或由具备ICF导师资格的教练辅导；实践则为教练们积累真实教练辅导的小时数，提供数据支撑；当以上均准备好时，可以上传资料至 ICF 官网，等待 ICF 审核通过并安排笔试，笔试有 70% 及格率，之后 ICF 会颁发电子证书至注册邮箱。ICF 每个级别的教练认证小时数要求如图结 -1 所示，具体细节可以咨询 ICF 认证的各培训机构或直接联系 Nick 教练，我也是 ICF 认证的导师之一，希望可以帮助更多培训师升级为教练，共同发展。

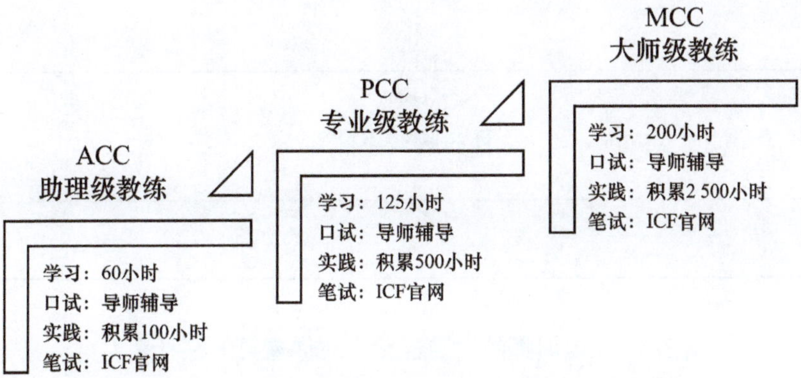

图结 -1　ICF 每个级别的教练认证小时数要求

自我教练：你已经成为更有价值的培训师了吗

亲爱的培训师们，在看完本书后，你对教练型培训师一定有了更深入的了解，Nick 教练邀请你在本书的结尾再做一次自我探索，通过自我教练式的提问，探索未来的可持续发展。

现在，你理解教练型培训师是什么样的？

____

____

与传统培训最大的不同是什么？

与你想成为的培训师有哪些是一致的？

还有哪些不同？

未来，在培训师的发展道路上对你重要的是什么？

你会如何保持在发展的正轨上？

如何才能确保持续发展下去？

接下来，你的下一步是什么？

相关联系信息

恭喜大家已经取得了进步，期待培训师们拥抱更美好的未来，Nick 教练愿意持续支持大家，关于培训的探讨或教练的成长，欢迎与 Nick 教练交流。

大象教练个人微信

微信公众号：大象白话

悦启仕教练机构

本书插画提供：兜梦研习社

参考文献

[1] 乔治 • 莱考夫，马克 • 约翰逊 . 我们赖以生存的隐喻 [M]. 何文忠，译 . 杭州 ：浙江大学出版社，2015.

[2] 马克 • 克雷默，温迪 • 考尔 . 哈佛非虚构写作课 : 怎样讲好一个故事 [M]. 王宇光，等译 . 北京：中国文史出版社，2015.

[3] 尤瓦尔 • 赫拉利 . 人类简史 ：从动物到上帝 [M]. 林俊宏，译 . 北京 ：中信出版社，2017.

[4] 郭士纳 . 谁说大象不能跳舞（纪念版）[M]. 张秀琴，音正权，译 . 北京 ：中信出版社，2015.

[5] 彼得 • 德鲁克 . 卓有成效的管理者 [M]. 许是祥，译 . 北京：机械工业出版社，2009.

[6] 彼得 • 德鲁克 . 21 世纪的管理挑战 [M]. 朱雁斌，译 . 北京：机械工业出版社，2009.

[7] 玛丽莲 • 阿特金森，蕾 • 切尔斯 . 唤醒沉睡的天才 ：教练的内在动力 [M]. 古典 ，王岑卉，译 . 北京：科技文献出版社，2013.

[8] 斯蒂芬 • 伦丁，哈里 • 保罗，约翰 • 克里斯坦森 . 鱼 [M]. 秦玉熙，译 . 北京 ：中信出版社，2013.

反侵权盗版声明